PETERHOF

ORANIENBAUM · STRELNA

Geschichte

Peterhof – die Perle des Baltikums, die Fontänenmetropole, ein wunderbarer Ort, wo majestätische Architektur, Steine und Bronze, unzählige Wasserstrahlen und herrliche Landschaften zu einem Triumph der Schönheit und Lebensfreude verschmolzen sind. »Peterhof wird oft mit Versailles verglichen«, schrieb der berühmte russische Künstler Alexander Benois, ein leidenschaftlicher Verehrer von Peterhof. »Doch dies ist ein Missverständnis: Dieser Ort hat einen ganz beson-

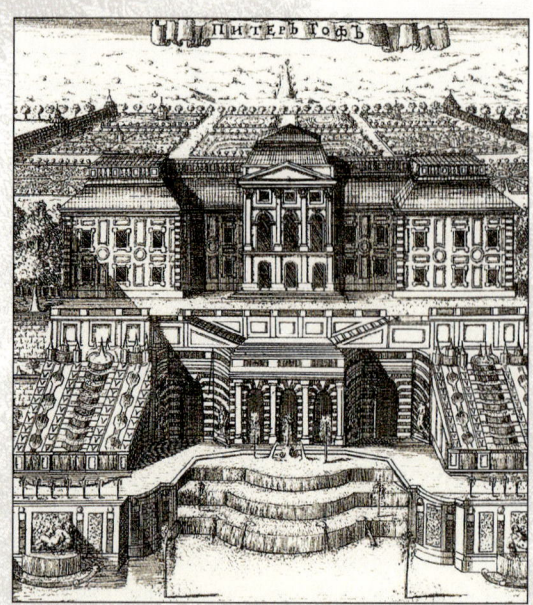

Aleksej Rostowzew. *Die Große Kaskade und der Große Palast.* Stich. 1717

Künstler B. Coffre. *Porträt Peters des Großen.* 1716

deren Charakter, den er dem Meer verdankt. Er scheint aus dem Meeresschaum geboren, dem Willen des Mereskönigs entsprungen zu sein ... «

Als der künftige »Mereskönig« Peter der Große 1705 auf seinem kleinen Schiff »Munker« an der Küste des von ihm bei den Schweden zurückeroberten Finnischen Meerbusens entlangfuhr, wurde er auf die besondere, faszinierende Schönheit dieser Gegend aufmerksam und ließ hier einen kleinen Herrensitz errichten, eine Art Rastschloss, in dem er während seiner Inspektionsreisen in die im Bau befindliche Festung auf der Insel Kotlin (heute Kronstadt), den Vorposten der 1703 gegründeten Stadt Sankt Petersburg, Rast machte.

1712 wurde die Hauptstadt Russlands von Moskau nach Sankt Petersburg verlegt. Die »Newastadt« stand bereits damals westeuropäischen Metropolen in nichts nach, sein Gründer aber, ein großer Romantiker, war von der Idee besessen, sein »Paradies« auch noch von prachtvollen Sommerresidenzen umgeben zu lassen. Peterhof kam in diesen Plänen ein besonderer Platz zu.

Anfang August 1720 explorierte der Zar persönlich die vielen Wasserquellen bei Ropscha, die 20 Kilometer südlich von Peterhof 70-100 Meter über dem Meeresspiegel gelegen sind, und befahl, einen Kanal zu bauen, der das Wasser ohne Pumpen, nur unter Ausnutzung des Niveaugefälles zwischen

Iwan Aiwasowskij. *Ansicht des Großen Palastes und der Großen Kaskade.* 1837

GESCHICHTE

Stepan Galaktionow. *Italienische Fontäne im Unteren Park von Peterhof*. Stich nach der Zeichnung von Silvestr Schtschedrin. 1804–1805

Speicherteichen und Fontänen, nach Peterhof beförderte. Am 8. August 1721 wurde der Ropscha-Wasserführer feierlich in Betrieb genommen, und wenige Stunden später sprudelte das Wasser aus den ersten Peterhofer Fontänen hervor.

Peter der Große beteiligte sich aktiv am Projektieren des Park- und Schlossensembles und lieferte viele originelle Ideen, die von seinen Baumeistern gebilligt und verwirklicht wurden. Es sind einige originale, vom Zaren eigenhändig angefertigte Zeichnungen und Skizzen geblieben, die der Gesamtkomposition zugrundeliegen. Eine von ihnen stellt den Seekanal und die strahlenförmig vom Großen Palast zu den kleinen Schlössern *Eremitage* und *Monplaisir* führenden Alleen dar. So entstand der Plan des Unteren Parks mit Schlössern, Pavillons, Kaskaden und Fontänen.

Peter der Große war ein glücklicher Mensch: Es gibt in der Geschichte nur wenige Herrscher, denen es beschieden war, eine derart grandiose Idee noch zu ihren Lebzeiten verwirklicht zu sehen. Peter hat das Wunder Peterhof, das bis heute Millionen Touristen aus allen Herren Länder in Staunen versetzt, noch erleben können.

Die nächste bedeutende Entwicklungsetappe der Küstenresidenz ist mit der Zarin Elisabeth Petrowna, der Tochter Peters, verbunden. Das war die höchste Blütezeit des Barock mit seiner Vorliebe für Symmetrie, theatralische Effekte und grandiose Räume. Unter Elisabeth Petrowna gestaltete der geniale Francesco Bartolomeo Rastrelli den Großen Palast um, der heute zu seinen schönsten Bauwerken zählt.

Friedrich Barisien. *Das Große Schloss in Oranienbaum*. 1758

Karl Schulz. *Ansicht der Zarin-Insel*. Kopie der Zeichnung von Johann Meyer. Um 1845

Eine wichtige Rolle in der Vervollkommnung des Park- und Schloss-Ensembles von Peterhof spielte Nikolaus I. Während seiner dreißigjährigen Regierung erlebte die »Fontänenmetropole« eine weitere Blüte. Der Pracht und Herrlichkeit des Unteren Parks zog der Zar die verträumte Ruhe der östlich gelegenen Ländereien vor, wo er für seine Frau Aleksandra Fjodorowna ein kleines gemütliches Schloss im englischen Stil, eine Art Datscha, mitten im Park *Alexandria* errichten ließ. Mit *Alexandria* ist auch das Leben des letzten russischen Zaren, Nikolaus II., verbunden: Er verlebte hier zusammen mit seiner Familie jeden Sommer. Hier kamen auch vier seiner Kinder zur Welt.

Peterhof heute

Peterhof war schon immer und bleibt bis heute eine ganz besondere baukünstlerische und historische Erscheinung. Dieses Park- und Schloss-Ensemble entwickelte sich ständig weiter und wurde zu einer Art Enzyklopädie der architektonischen Stile und künstlerischen Geschmacksrichtungen, in der sich drei Jahrhunderte der russischen Geschichte widerspiegelten.

Nach der Oktoberrevolution von 1917 wurden die Schlösser und Parks von Peterhof nationalisiert und in Museen umgewandelt. 1941 mussten die russischen Truppen nach schweren Kämpfen Peterhof räumen, und die Stadt war vier Jahre lang, bis Januar 1944, von den deutschen Truppen besetzt. Die Schlösser und Parks haben schwer gelitten. Viele Bauwerke und Anlagen wurden zerstört. Die Wiederherstellungsarbeiten in den Nachkriegsjahren waren eine wahre Heldentat der Leningrader Restauratoren. An der Wiederherstellung des Großen Palastes arbeiteten Hunderte von Fachleuten unter Wassilij Sawkow und Jewgenija Kasanskaja viele Jahre lang. Bereits 1946 wurden die ersten restaurierten Fontänen feierlich eröffnet, ein Jahr später bezog der von den Deutschen verschleppte und

Vergoldung der Statue *Samson* in der Werkstatt

Fest in Peterhof

PETERHOF HEUTE

Fest in Peterhof

von Wassilij Simonow neugeschaffene *Samson*, die Hauptfontäne Peterhofs, seinen alten Platz im großen Becken vor der Großen Kaskade.

Die Restaurierungsarbeiten dauern bis heute an. 2011 wurde in der wiederhergestellten Peter-Paul-Kirche das Museum «Der Kirchenflügel des Großen Palastes» eröffnet. In all den Jahren wurde unermüdlich nach abhanden gekommenen Kunstwerken und Exponaten gesucht, entstanden immer neue Museen und Ausstellungen. Eine wichtige Rolle spielte dabei die Sammlertätigkeit Wadim Snamenows, der das Museumsreservat Peterhof über dreißig Jahre lang leitete.

Heute läuft die jüngste Restaurierungsetappe: Jetzt gilt es, auch die 2007 an das Museumsreservat Peterhof angegliederten Park- und Schloss-Ensembles von Oranienbaum wiederherzustellen. Zum 300. Jubiläum Oranienbaums öffnete das Große Schloss und das Chinesische Schloss ihre Pforten für die ersten Besucher. Auch der Park *Alexandria* entwickelt sich weiter als Erholungsort. Hier wurden vor kurzem das Schloss *Die Farm* (2010) und der *Zarentelegraph* (2011) eröffnet. Im Unteren Park wurden die Skulpturen der Großen Kaskade restauriert, und im Frühling 2011 hielt die neu vergoldete Skulpturengruppe der Fontäne *Samson reißt dem Löwen den Rachen auf* ihren feierlichen Einzug in die Stadt – wie schon einmal nach dem Krieg.

Anders, effektvoller und interessanter, unter Verwendung modernster multimedialer Technologien, werden heute die Feste vor der Großen Kaskade gestaltet, die Tausende und aber Tausende von Gästen aus dem In- und Ausland anlocken. Peterhof wurde als eines der ersten Kulturobjekte Russlands in das Informationssystem »Google Map« aufgenommen, was die »Fontänenmetropole« bei den Touristen noch beliebter machte. 2011 wurde das Museumsreservat Peterhof mit dem Preis *Museumsolymp* in der Nominierung *Museum des Jahres* ausgezeichnet.

Zur gleichen Zeit werden in Peterhof auch alte Traditionen liebevoll gepflegt und kunsthistorische Denkmäler verschiedener Epochen von der Petrinischen bis zum Jugendstil in glanzvollem Zustand erhalten. Die feierliche Pracht Peterhofs ist heute unter anderem ein Symbol der Stärke und des Reichtums Russlands.

Der Obere Garten

Das prächtige Barockensemble des Oberen Gartens stellte ein markantes Beispiel für reguläre Parks. Die strenge Symmetrie, die geometrische Planung, die bizarr beschnittenen Bäume und Büsche, eine Fülle von Fontänen und dekorativen Skulpturen sowie Blumenbeete – dies alles schien eine Art Fortsetzung der goldstrahlenden Galaräume des Palastes zu sein.

Das heutige dekorative Antlitz des Oberen Gartens stammt aus der Mitte des 18. Jahrhunderts. Unter Peter dem Großen hatte er Wirtschaftszwecken gedient: Hier befand sich der Gemüsegarten, in dem auch Heilpflanzen angebaut wurden, in den Teichen gab es Fische. Die ersten Fontänen entstanden in den 1730er Jahren nach den Entwürfen der Architekten Blank und Dawydow sowie des Fontänenmeisters Sualem. Die Becken

wurden mit komplizierten vielfigürlichen Kompositionen aus Blei nach Entwürfen von Carlo Bartolomeo Rastrelli dekoriert. Die Fontänen wurden dann mehrmals umgestaltet, die Gesamtkomposition des Gartens blieb jedoch unverändert. Im 19. Jahrhundert kam die neue Mode für Landschaftsparks auf, und die Bäume wurden nicht mehr gestutzt.

Während des Zweiten Weltkriegs hat der Obere Garten stark gelitten: In seiner Mitte wurde ein tiefer Panzerabwehrgraben ausgehoben, viele Bäume wurden abgeholzt, das Wasserversorgungssystem schwer beschädigt. Nach jahrelangen Wiederherstellungsarbeiten erhielt der Garten sein ursprüngliches Aussehen zurück und ist heute ein seltenes Beispiel für den »französischen« Stil in der Gartenkunst.

Mescheumnyj-Fontäne

Der ungewöhnliche Name der in der Nähe des Haupteingangs des Oberen Gartens gelegenen Fontäne (russ. »mesheumnyj« = *unbestimmt*) erklärt sich dadurch, dass ihr Dekor mehrmals geändert wurde. Nach dem Zweiten Weltkrieg erhielt die Fontäne ihr barockes Aussehen zurück, indem in der Mitte Bronzefiguren von vier Delphinen und eines Drachens aufgestellt wurden.

Ehrenpforte des Oberen Gartens

Apollon-Kaskade

Am Südrand des Bassins der Neptun-Fontäne, auf einer mit schwarz-weißen Marmorplatten schachbrettartig ausgelegten Plattform, besprüht von zwei kleinen Fontänen, steht eine bronzene Kopie der antiken Plastik *Apollon von Belvedere*, des berühmten Werks von Leochares. Dieses kleine Ensemble wird als Apollon-Kaskade bezeichnet. Ursprünglich befand sich an der Stelle des Apollon die Skulptur *Winter*, die dann durch die 1800 in der Werkstatt der Akademie der Künste Sankt Petersburg von Wassilij Jekimow geschaffene Figur des Apollon ersetzt wurde.

PETERHOF

Fontäne Neptun

Den Mittelpunkt der Gesamtkomposition des Oberen Gartens bildet die Fontäne *Neptun*. In der Mitte des 18. Jahrhunderts wurde sie mit der vielfigurigen Komposition *Neptun-Wagen* geschmückt, die den maritimen Charakter der Küstenresidenz betonen sollte. Später mussten die unansehnlich gewordenen Skulpturen abmontiert werden, doch die Idee der Favorisierung des Meeresgottes blieb. Paul I. brachte von seiner Europa-Reise die in Nürnberg erworbene Skulpturengruppe *Neptun* mit, die allerdings in den 1650er Jahren gegossen worden war und somit die älteste in den Parks von Peterhof ist, und ließ sie 1799 im Oberen Garten aufstellen. Sie versinnbildlicht den von Peter dem Großen erkämpften Zugang zur Ostsee.

Gottheiten auf Hippokampen reitend. Detail der Fontäne *Neptun*

DER OBERE GARTEN

Statuen *Vertumnus* und *Zephir*. Bildhauer Antonio Bonazza. 1757

Eichenfontäne

Die Eichenfontäne befindet sich in der Hauptallee des Oberen Gartens vor dem Großen Palast. Den Boden des runden Beckens schmückt ein sechseckiger Stern, an dessen Spitzen Figuren wasserspeiender Delphine angebracht sind. Die Statue *Amor mit der Theatermaske* in der Mitte (1809) ist ein Werk des Bildhauers D. Rossi. Der Name der Fontäne erklärt sich dadurch, dass im Becken ursprünglich, im 18. Jahrhundert, ein bleierner Baum gestanden hatte. Neben der Fontäne sind vier Marmorstatuen des bekannten Bildhauers Antonio Bonazza (des Sohnes von Giovanni Bonazza, der die Skulpturen *Adam* und *Eva* im Unteren Park ausgeführt hat) zu sehen.

Westlicher quadratischer Teich

Fontänen der Quadratischen Teiche

Vor den Galerien des Großen Palastes sind die beiden Quadratischen Teiche symmetrisch angeordnet: der Ostteich und der Westteich. Sie entstanden bereits unter Peter dem Großen als Speicherteiche. Später wurden in deren Mitte je eine Fontäne eingefügt. Diese Teiche, die bis heute die Fontänen des zentralen Teils des Unteren Parks speisen, sind durch ihre Marmorstatuen, umgeben von Bronzedelphinen und Wasserstrahlen, ein Zierrat des Oberen Gartens.

Statue *Venus von Italien* in der Mitte des Westlichen quadratischen Teichs. Nach dem Original von Antonio Canova. 1812

DER OBERE GARTEN

Östlicher quadratischer Teich

Statue *Apollino* in der Mitte des Östlichen quadratischen Teichs. Nach dem Original aus der Schule des Praxiteles. 4. Jh. v. Chr.

Berceau (Laubengang)

Der Große Palast

Wie alle europäischen königlichen Residenzen, diente Peterhof vor allem repräsentativen Zwecken. Der Große Palast war schon immer eine inhaltliche Dominante des Park- und Schloss-Ensembles von Peterhof. Mit dem Bau des ersten »Bergschlosses« beauftragte der Zar Peter den Architekten Johann Friedrich Braunstein, der die Hauptfassade des auf einem hohen Hügel gelegenen Palastes auf das Meer hin orientierte. 1714 wurde mit dem Bau des Seekanals begonnen, der den Palast mit dem Finnischen Meerbusen verband. Kleinere Schiffe liefen in den Kanal ein, machten an seinen Ufern fest, die Gäste gingen an Land und begaben

sich in den Palast. Elisabeth Petrowna verwandelte den bescheidenen Herrensitz ihres Vaters in eine prachtvolle Galaresidenz. Francesco Bartolomeo Rastrelli baute den Peterschen Palast um, ließ jedoch die Gesamtkomposition und den Mittelteil des Gebäudes unverändert. Der große Architekt, der allerdings jedes Detail, das unmittelbar mit dem legendären Zaren verbunden war, behutsam und liebevoll behandelte, gab dem Palast ein monumentales und zugleich elegantes Antlitz. Die Gesamtlänge der dem Meer zugekehrten Hauptfassade beträgt ca. 300 Meter.

Allegorie des Frühlings. Nach einer Zeichnung von Francesco Bartolomeo Rastrelli. 1749-1751

Ehrentreppe

Die Ehrentreppe nimmt einen Teil des an das Hauptgebäude von der Seite des Oberen Gartens angrenzenden Flügels ein. Hier schuf der geniale Rastrelli 1755 eine lebensbejahende barocke Hymne auf die Regierung der »fröhlichen Zarin« Elisabeth Petrowna. Das zwölf Meter hohe elegante goldstrahlende Treppenhaus wirkt durch das Deckengemälde *Flora* von Bartolomeo Tarsia noch höher. Die Wände, Fenstereinfassungen und Gewölbe sind mit Malereien von Antonio Peresinotti verziert. Die prachtvolle Einfassung der in den Tanzsaal führenden Tür ist mit einer Krone und einer Allegorie der Wahrheit und der Barmherzigkeit gekrönt. Die vergoldeten Skulpturen in den Nischen und auf den Postamenten symbolisieren die Jahreszeiten. Das schöne, teilweise vergoldete Gitter der Balustrade ist ein Werk des Meisters N. Stübe.

Tanzsaal

Der Tanzsaal ist einer der schönsten Interieurs von Rastrelli im Großen Palast. Die Fläche des Saals beträgt 270 Quadratmeter, doch der Raum wirkt noch größer durch ein hohes Gewölbe und zahlreiche mit vergoldeten Holzschnitzereien reich dekorierte Glastüren mit einer Fensterreihe darüber. Das riesige Deckengemäl-

Giuseppe Valeriani. *Raub der Europa*. Tondo. 1740er Jahre

DER GROSSE PALAST

de *Parnas* (1751, nach dem Original von Bartolomeo Tarsia) stellt die Zarin Elisabeth Petrowna als Förderin der Künste und Wissenschaften dar. Zwischen den Fenstern sind sechzehn Tondos (runde Gemälde) zu sehen, die die »Metamorphosen« von Ovid und die »Aeneis« von Vergil veranschaulichen. Der großartige Parkettboden ist aus Ahorn, Nussbaum und Eiche eingelegt.

Giuseppe Valeriani. *Hera und Amor.* Tondo. 1740er Jahre

Das Blaue Empfangszimmer

Das Blaue Empfangszimmer gehörte nicht zur Galazimmerflucht, es diente als Sekretärzimmer. Hier wurden die sogenannten »Kammer-Fourier-Journale« geschrieben, die leidenschaftslos den Tagesablauf bei Hofe registrierten. Die Wände sind hier mit blauer Seide tapeziert, der Parkettboden nach Rastrellis Zeichnungen aus Palmenholz, Nussbaum und Ahorn weist das für Rastrellis Interieurs so charakteristische Zickzack-Motiv auf, der plastische Dekor der Wandpaneelen, der Tür- und Fenstereinfassungen ist vergoldet. Das Deckengemälde *Allegorie des Ruhmes* stammt von einem unbekannten Künstler des 18. Jahrhunderts. Die eleganten Möbel, Bronzen und Porzellane wurden in der Mitte des 19. Jahrhunderts im Stil des »zweiten Rokoko« ausgeführt. Hier sind überdies drei Gemälde mit Ansichten von Peterhof zu sehen, eines davon ist ein Werk des berühmten russischen Marinemalers Iwan Aiwasowskij.

Jakob Philipp Hackert. *Untergang eines russischen Schiffes.* **1771**

Dekorative Vase. Kaiserliche Porzellan-Manufaktur Sankt Petersburg, Russland. Um 1830

Der Çeçme-Saal (Avantsaal)

Der Çeçme-Saal stellt eine Art Denkmal für den Ruhm der russischen Kriegsmarine dar. Rastrelli gestaltete den Saal im gleichen Stil wie den Tanzsaal und dekorierte ihn reich mit vergoldeten Holzschnitzereien, Spiegeln und ornamentalen Malereien. In den 1770er Jahren ersetzte Jurij Velten auf Wunsch Katharinas II. die barocke Ausstattung durch eine klassizistische und verwendete dabei weitgehend Stuckverzierungen (Meister Nasonow und Bernasconi). Zum Hauptzierrat des Saals wurden 1779 die zwölf großen 1771-1773 vom deutschen Künstler Jacob Philipp Hackert gemalten Bilder. Sechs davon zeigen verschiedene Episoden der Schlacht bei Çeşme (Tscheschme) am 26. Juni 1770, in der die russische Flotte unter Graf Aleksej Orlow die der Osmanen vernichtete. Der ganze Dekor dieses Saals – Porträts antiker Helden, Kriegsattribute, das Deckengemälde *Opferung der Iphigenie* (Augustin Terwesten d.Ä.), das eine Episode des Trojanischen Krieges thematisiert, sowie türkische Waffen, Halbmonde und andere Symbole der besiegten Türkei – dient der Verherrlichung Russlands als Seemacht.

Porträt Alexej Orlow. Bildhauer Antonio Cibei. 1770er Jahre

Der Thronsaal

Dies ist der größte Saal des Palastes (330 Quadratmeter). Er war für offizielle Empfänge, Konzerte und Bälle bestimmt. Die Wände waren ursprünglich bemalt und mit Spiegeln dekoriert, zwischen den Fenstern neun »Dessus-de-portes, genannt Musen« von Lucas Pfandzelt angebracht. 1777 gestaltete Jurij Velten im Auftrag Katharinas II. den Raum entsprechend der neuen Mode im Stil des Klassizismus um. Die Vouten ließ er mit plastischen Ornamenten, die Wände mit Reliefs von Iwan Prokofjew, Michail Koslowskij, und Archip Iwanow versehen. Zwischen den Fenstern hängen seit jener Zeit Porträts von Vertretern der Romanow-Dynastie. Im

Relief *Justiz*.
Bildhauer
Iwan Prokofjew.
1770er Jahre

Thronsessel
im Thronsaal.
Anfang des
18. Jh.

Thronsaal kann man das berühmte, vom dänischen Künstler Vigilius Erichsen eigens für diesen Saal 1762 gemalte *Porträt Katharina II. zu Pferde in der Uniform eines Obersten des Semjonowskij-Garderegiments* (an der Stirnwand, hinter dem Thron) sehen. Vier Gemälde des englischen Malers R. Peten an der Westwand zeigen Episoden der Schlacht bei Çeşme. Der Thron an der Stirnwand soll auf Bestellung Aleksandr Menschikows für Peter den Großen gefertigt worden sein. Er ist aus Eiche geschnitzt, vergoldet und mit rotem Samt bespannt.

Audienz-Saal

Der prachtvoll ausgestaltete Saal mit seinen zahlreichen Spiegeln, den üppigen vergoldeten Holzschnitzereien und dem festlich schönen Dekengemälde von Paolo Ballarini, ein weiteres Meisterwerk Rastrellis, war für kleine Empfänge (Audienzen) der Zarin Elisabeth Petrowna bestimmt. An Audienztagen verwandelte sich der Saal in ein Gastzimmer. Die Lomber-Tische an den Wänden stammen aus der Mitte des 18. Jahrhunderts. Hier ist auch eine Sammlung von Meißner Porzellan zu sehen. a.

Skulptur *Pastorale*. Nach dem Modell von Johann Joachim Kändler. Porzellanmanufaktur Meißen, Deutschland

Das Weiße Speisezimmer

Dieses Interieur, eines der elegantesten in der Galazimmerflucht, wurde Anfang der 1770er Jahre von Jurij Velten im Auftrag Katharinas II. geschaffen. Die Wände schmücken erlesene Stuckverzierungen, die Basreliefs in den ovalen Medaillons im oberen Teil der Wände, ein Werk des bedeutenden Vertreters des russischen Klassizismus Fjodor Gordejew, behandeln die Mythen über Dionysos und seine Geliebte, Ariadne. Seit der Regierungszeit der Elisabeth Petrowna diente der Saal für Festessen. Heute ist der Tisch mit einem prachtvollen Service gedeckt aus dem von Josiah Wedgwood entwickelten cremefarbenen Steingut, (*cream-coloured earthenware*), mit Genehmigung des Königshauses *Queen's* ware genannt, das 1768 in dessen berühmter Fabrik Etruria im Auftrag Katharinas II. entstand.

Panneau *Putti, einen Korb mit Früchten tragend*

Teile eines Services. Josiah Wedgwood, Fabrik Etruria, England. 1760er Jahre

Figur eines Fasanes.
Zweite Hälfte des 17. Jh. China

Östliches Chinesisches Kabinett

Chinesische Kabinette

Ende der 1760er Jahre richtete Jean Baptiste Vallin de La Mothe zwei Chinesische Kabinette ein, die im Westen und im Osten an den zentralen Saal des Palastes, den Gemäldesaal, angrenzen. Diese beiden Interieurs waren ein Zugeständnis an die bereits von Peter dem Großen eingeführte Mode für Chinoiserien. Die Wände sind hier mit gelber (Westkabinett) und himbeerfarbener Seide bespannt. Vallin de La Mothe verwendete hier originale chinesische Schirme, die er durch Lackminiaturen russischer Arbeit ergänzte. Diese Panneaus sind umrahmt von Malereien im chinesischen Stil. Selbst die Decken wurden à la Porzellan ausgemalt. Die kostbaren Parkettböden wurden aus Amarant, Palisander, Sandelholz, Zitronenholz, Ebenholz u.a. eingelegt. In den Chinesischen Kabinetten sind heute eine Sammlung chinesischer und japanischer Erzeugnisse, kostbare chinesische Möbel aus dem 18. und 19. Jahrhundert und europäische Chinoiserien zu sehen.

Westliches Chinesisches Kabinett

Gemäldesaal

Dekor der Ostwand mit Porträts von der Hand Pietro Rotaris. Detail

Dieser in der Mitte des Gebäudes gelegene »prachtvolle Saal, von dem sich dem Besucher ein herrlicher Blick auf das Meer bietet«, wie ihn bereits der Kammerjunker des Herzogs von Holstein-Gottorp, General Friedrich Wilhelm Bergholz in seinem Tagebuch begeistert beschrieb, ist tatsächlich dadurch interessant, dass seine Fenster im Norden nach dem Seekanal und dem Finnischen Meerbusen, im Süden nach dem Oberen Garten gehen. Die Wände waren hier früher mit Gemälden und Gobelins holländischer und flämischer Meister dekoriert. Aus der Petrinischen Epoche sind nur der plastische Fries, die Malereien an den Vouten und das 1726 von Bartolomeo Tarsia ausgeführte Deckengemälde *Geschichte der Hieroglyphik* erhalten geblieben. In der Mitte schmückte Rastrelli den Saal mit Spiegeln, dem Parkettboden und den vergoldeten Holzschnitzereien, die Bilder und Gobelins der Peterschen Kollektion wurden 1764 nach dem Entwurf von Vallin de La Mothe durch von Pietro Rotari ausgeführte Porträts junger Männer, Frauen und Mädchen in verschiedenen Kostümen ersetzt: Solche Darstellungen (»Köpfe«) waren damals in Mode.

Rebhühner-Gastzimmer (Boudoir)

Das elegante Rebhühner-Gastzimmer wurde in den 1770er Jahren von Jurij Velten ausgestaltet. Der Name des Raums geht auf das Muster der kostbaren blauen Lyon-Seide zurück, mit der seine Wände tapeziert waren: Rebhühner zwischen Blumen und Ähren. Die erstaunliche Feinheit der Zeichnung sowie die reiche und erlesene Farbpalette kennzeichnen den Stil des berühmten Lyoner Meisters Philippe de La Salle. Die Originalseide ist hier teilweise erhalten geblieben (Westwand, Fensterdraperien und in der Nische). Ein wichtiges Dekorelement sind auch feine vergoldete Holzschnitzereien.

Rebhühner-Gastzimmer (Boudoir)

Diwan-Zimmer

Dieses Interieur entstand an der Stelle eines Schlafgemachs aus der Petrinischen Zeit. In den 1770er Jahren platzierte Velten im Alkoven, an der Westwand, einen breiten türkischen Diwan, den Grigorij Potemkin für Katharina II. aus der Türkei mitgebracht haben soll. Nach

Diwan-Zimmer

Porzellanfigur der Zémire, des Lieblingshundes Katharinas II. Nach dem Modell von Jean Dominique Rachette. 1779. Kaiserliche Porzellanmanufaktur Sankt Petersburg, Russland

dem Sieg im Russisch-Türkischen Krieg kam in Sankt Petersburg eine Mode für riesige Diwane, die nun viele Salons des Hochadels füllten und nach dem legendären Favoriten der Zarin als »Potemkinsche Diwane« bezeichnet wurden. Die Wände des Diwan-Zimmers sind mit originaler chinesischer Seide aus dem 18. Jahrhunderts tapeziert.

Toiletten-Zimmer

Kabinett

Das die Enfilade der Wohngemächer abschließende Kabinett ist mit heller blumengemusterter Seide dekoriert. Die Ausstattung, so typisch für Rastrelli, entspricht kaum der Zweckbestimmung des Zimmers und mutet eher als ein Gastzimmer an, in dem man sich unterhält oder einfach erholt. Daran, dass sich die Zarin hier mit Staatsgeschäften befasste, erinnert nur der Schreibtisch mit Schreibutensilien.

Uhr. 1840er Jahre. Kaiserliche Porzellanmanufaktur Sankt Petersburg, Russland

Kabinett

Toiletten-Zimmer

Das gemütliche Toiletten-Zimmer gehört, abgesehen von unwesentlichen Abänderungen, zu den Rastrellischen Interieurs. Die Wände sind mit festlich schöner Seide tapeziert, die in den 1840er Jahren in der berühmten Manufaktur der Brüder Saposchnikow gewebt wurde. Im 19. Jahrhundert kannte diese Fabrik in Bezug auf die Qualität und die Größe der Erzeugnisse aus Seide und Brokat kaum Konkurrenz in Russland. Im Zimmer sind überdies erlesene Möbel, Werke der angewandten Kunst und Porträts der einstigen Besitzer des Palastes zu sehen.

PETERHOF

Das Standarten-Zimmer (Durchgangszimmer)

In diesem meist als Durchgangszimmer bezeichneten Raum wurden im 19. Jahrhundert die Fahnen der Leibgarde-Garnison von Peterhof aufbewahrt. Die Wände und die Möbel sind hier, wie auch im Toilettenzimmer und im Kabinett, mit effektvoller, blumengemusterter Seide bespannt:

Das Standarten-Zimmer (Durchgangszimmer)

Lombertisch. Meister N. Nikolajew. 1770er Jahre

russischer Botschafter in London tätig war, von Jacopo Amiconi (1675-1752) gemalt. Daneben sieht man Porträts Katharinas I. von der Hand eines leibeigenen Künstlers des Grafen Scheremetew, der Elisabeth Petrowna (unbekannter Künstler des 18. Jh.) und Katharinas II., bei dem es sich um eine Kopie des 1769 entstandenen Originals des bedeutenden russischen Porträtmalers Fjodor Rokotow handelt.

Bemerkenswert sind auch die Möbel: elegante, mit vergoldeten Holzschnitzereien dekorierte Sessel, ein kleiner Marketerie-Klapptisch für Kartenspiele (Meister N. Wassiljew) u.a.

Dies war ein beliebtes Dekorelement in russischen Interieurs des 18. und 19. Jahrhunderts. Das Kolorit der leuchtend grünen Seide mit Rocaille-Ornamenten und Blumensträußen betont die nach Rastrellis Skizzen angefertigten, vergoldeten Holzschnitzereien der Türeinfassungen und gibt dem Raum eine festlich-fröhliche, lebensbejahende Note. Von den hier ausgestellten Bildern wäre vor allem *Peter der Große mit der Göttin Minerva* zu erwähnen. Es wurde in den 1730er Jahren im Auftrag des herausragenden Literaten und Politikers Antioch Kantemir, der 1732-1738 als

Kavalier-Zimmer

DER GROSSE PALAST

Unbekannter Künstler aus der Schule von Peter Paul Rubens. *Apotheose des Krieges.* Zweite Hälfte des 17. Jh.

Scipione Pulzone. *Porträt Vittoria Corombona.* 1750er Jahre

Uhr. Frankreich. Erste Hälfte des 18. Jh.

Das Kleine Durchgangszimmer

Kavalier-Zimmer

In dem von Rastrelli hergerichteten Kavalier-Zimmer hielten sich die wachhabenden Offiziere der berittenen Leibgarde auf, die die »Eigene Wohnhälfte« bewachten, daher die Bezeichnung. Hier warteten auch Hofkavaliere und hohe Gardeoffiziere auf eine Audienz. Heute sind im Kavalier-Zimmer Möbelstücke europäischer Meister, chinesische und japanische Porzellane aus der ersten Hälfte des 18. Jahrhunderts zu sehen. An den Wänden hängen einige Schlachtenszenen aus dem 17. Jahrhundert. Besonders schön sind die prachtvollen Türeinfassungen.

Das Kleine Durchgangszimmer

Die Wände dieses kleinen Zimmers sind mit kostbarer, in der Mitte des 19. Jahrhunderts in der Saposhnikow-Manufaktur in Moskau eigens für Peterhof gewebten Seide bespannt. Sehr sehenswert sind auch die Bilder an den Wänden: *Porträt eines alten Mannes* von Giovanni Battista Tiepolo, *Porträt Vittoria Corombona* von Scipione Pulzone und *Apotheose des Krieges* aus der Werkstatt von Peter Paul Rubens, für dessen Kunst vor allem monumentale Formen, eine gewisse kompositionelle Theatralik und ein leuchtendes, kraftvolles Kolorit charakteristisch sind.

Kandelaber.
Sachsen.
1850er Jahre

Das Große Blaue Gastzimmer

Dieses Interieur entstand während der Umgestaltungsarbeiten, die von Rastrelli durchgeführt wurden. Die vergoldeten Holzschnitzereien harmonieren effektvoll mit den vom russischen Künstler Login Dorizkij ausgeführten Malereien der Vouten: Kriegsattributen, Blumengirlanden und Monogrammen der Elisabeth Petrowna. Feierlichkeit und Erhabenheit verleihen dem Saal die beiden Galaporträts Katharinas II. und der Maria Fjodorowna, der Frau Pauls I. Das Große Blaue Gastzimmer diente als Speisezimmer für Festessen, deswegen ist hier heute das aus 5.000 Teilen bestehende Bankett-Service für 250 Personen ausgestellt, das in der Mitte des 19. Jahrhunderts in der Kaiserlichen Porzellanmanufaktur Sankt Petersburg eigens für den Großen Palast von Peterhof angefertigt wurde.

Teile des Bankettservices

DER GROSSE PALAST

Unbekannter Künstler des späten 18. Jh. *Katharina II. als Gesetzgeberin im Tempel der Themis*. Nach dem Original von Dmitrij Lewizkij aus dem Jahr 1783

Kronleuchter. 1851

Sekretärzimmer (Zimmer vor der Kirchenempore)

Der zweite Name dieses Zimmers ist damit verbunden, dass es sich in der Nähe der Empore der Palastkirche befindet. Die Tür des Sekretärzimmers führt in die Ostgalerie, aus der man in die Kirche gelangt. Die Ausstattung stammt aus der Mitte des 18. Jahrhunderts. Nach dem Zweiten Weltkrieg schufen die Restauratoren den Parkettboden mit dem für Rastrelli charakteristischen Zickzack-Muster, die holzgeschnitzten Paneele, die vergoldeten Türeinfassungen, den Kachelofen und die grüne Seide neu. Hier sind außerdem prachtvolle Porzellane aus der Kaiserlichen Porzellanmanufaktur (18. Jh.) – ein Kronleuchter mit 48. Kerzen und dekorative in Gold gefasste Vasen – zu sehen.

Dekorative Vase im Sekretärzimmer

Erstes Zimmer des Reservewohnbereichs

Skulptur *Dame im Kostüm des 18. Jh.* Nach dem Modell von August Spieß. Kaiserliche Porzellanmanufaktur Sankt Petersburg. Russland. 1850er Jahre

Zimmer der Reserve-Wohnhälfte

Das Große Blaue Gastzimmer verbindet die Nord-Enfilade mit dem Konzertsaal und der Süd-Enfilade, die vier Zimmer der sogenannten Olga-Wohnhälfte umfasst, die 1845-1846 von Andrej Stakenschneider für die Tochter Nikolaus' I. Olga anlässlich deren Hochzeit mit dem Prinzen Karl Friedrich Alexander von Württemberg im Stil des »Zweiten Rokoko« ausgestaltet wurde. Stakenschneider dekorierte diese Räume mit vergoldeten Holzschnitzereien und den Seidentapeten, die in den Moskauer Manufakturen von Kondraschow

Zweites Zimmer des Reservewohnbereichs

Rotierende Uhr. Russland. 1780er Jahre

DER GROSSE PALAST

Kaminuhr. F. Copin-Werkstatt. Russland. 1850er Jahre

Drittes Zimmer des Reservewohnbereichs

und Saposchnikow gewebt wurden. Hier befand sich auch eine kleine Sammlung von Porzellanen aus der Kaiserlichen Manufaktur Sankt Petersburg, Bronzen der Petersburger Firma Chopin, Möbel aus den berühmten Werkstätten von Tour und Gambs u.a. Später dienten diese Zimmer als eine Art Hofhotel, in dem vornehme ausländische Gäste untergebracht wurden.

Heute sind hier Bilder westeuropäischer Künstler des 17. bis 19. Jahrhundert, darunter große Galaporträts Nikolaus' I. und seiner Töchter von der Hand der bedeutenden englischen Meister George Dawe und Christine Robertson sowie russische und westeuropäische Möbel, Porzellane und Bronzen aus der zweiten Hälfte des 18. und dem frühen 19. Jahrhundert zu sehen.

Viertes Zimmer des Reservewohnbereichs

Vase. Kaiserliche Porzellanmanufaktur Sankt Petersburg. Russland. 1790er Jahre

Tisch mit Marmortischplatte. Frankreich. 1790er Jahre

Kronzimmer (Schlafgemach)

Dieses Zimmer bildete einst das Pendant zum Schlafgemach (Diwanzimmer) der Nord-Enfilade und diente als repräsentatives Schlafzimmer für Männer. Die Bezeichnung »Kronzimmer« entstand unter Paul I., auf dessen Anordnung hier eine Zeitlang die Zarenkrone aufbewahrt wurde. An der Nordwand befindet sich ein Alkoven, die Türen rechts und links davon führen in das Diwanzimmer. Das Zimmer ist mit chinesischer Originalseide aus dem 18. Jahrhundert tapeziert. Die mit Aquarell auf Seide ausgeführten Szenen veranschaulichen die Herstellung von Porzellan in der Kaiserlicher Manufaktur in Sinkiang Uygur. Bemerkenswert sind auch das vergoldete Prunkbett, ein Werk der süddeutschen Meister des 18. Jahrhunderts, und der nicht minder prachtvolle Nachtstuhl.

Guéridon mit Mosaiktischplatte. Italien. 18. Jh.

DER GROSSE PALAST

Sekretär. Süddeutschland. 18. Jh.

Das Eichenkabinett

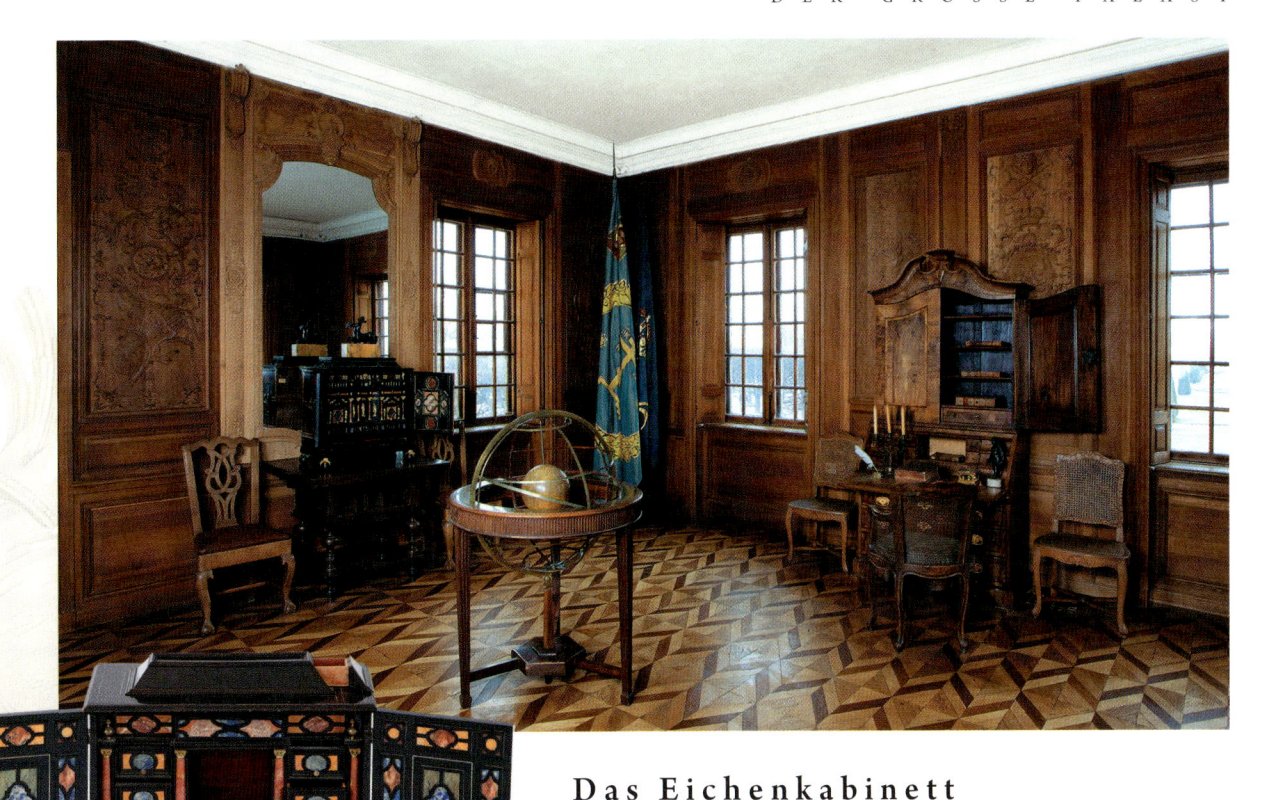

Das Eichenkabinett (wegen der Eichenholzvertäfelung so genannt) ist das einzige Interieur der Petrinischen Epoche im Großen Palast, das in seiner ursprünglichen Form wiederhergestellt wurde. Es entstand nach dem Entwurf Le Blonds, auf dessen Initiative die Holzpaneelen mit holzgeschnitzten Reliefs (Bildhauer Nicolas Pineau) verziert wurden. Im Eichenkabinett befindet sich heute ein origineller Reisewecker aus persönlichem Besitz Peters des Großen (deutscher Uhrmacher J. Benner). Auf der Klappschreibplatte des Sekretärs sind die 1739 herausgegebenen »Ukasse Peters des Großen von 1714 bis zum 28. Januar 1725« zu sehen.

Eichentreppe

Vor der Rekonstruktion des Palastes nach dem Entwurf von Rastrelli war diese in der Mitte des Gebäudes gelegene Treppe die Haupttreppe. Sie wurde 1722-1726 von Jean-Baptiste Le Blond errichtet. Der plastische Dekor stammt vom französischen Bildhauer Nicolas Pineau, das Dekengemälde *Aurora* ist ein Werk des russischen Iwan Wischnjakow.

PETERHOF

Gewölbe der
Schlosskapelle

Panneau *Christus wandelt
auf dem Wasser*. Werkstatt
von Iwan Wischnjakow.
1740er

Schlosskapelle

Die Schlosskapelle
(Peter-Paul-Kirche)

Beim Umbau des Großen Palastes bezog Rastrelli den auf Wunsch der Elisabeth Petrowna mit fünf Kuppeln gekrönten Kirchenflügel (Höhe 27 Meter) in das neue Bauensemble ein. Die Grundsteinlegung der Schlosskapelle fand am 30. Mai 1747 in Anwesenheit der Zarin statt. Als Abschlussdatum der Bauarbeiten gilt der 10. September 1751: An diesem Tag wurde der Altar eingeweiht. Die kleine Peter-Paul-Kirche, deren Kuppeln mit üppigem plastischem Dekor versehen sind (1749, Meister Girardon), ist unter anderem dadurch bemerkenswert, dass hier Mitglieder der Zarenfamilie getauft und getraut sowie besonders feierliche Gottesdienste anlässlich militärischer Siege zelebriert wurden. Das prachtvolle Interieur knüpft an Jaroslawler und Moskauer Kirchen des 17. Jahrhunderts an.

Ikonostas der Schlosskapelle

DER GROSSE PALAST

Himbeerfarbenes Gastzimmer

Wappenflügel

»Sonderschatzkammer« im Wappen-Pavillon

Der Wappen-Pavillon im Westen, wegen des Doppeladlers, des Wappens des Russischen Reiches, als Wetterfahne auf der Kuppel so genannt (der allerdings einen dritten Kopf hat, damit man bei beliebiger Drehung der Wetterfahne zwei Köpfe sieht) wurde Anfang der 1750er Jahre von Rastrelli erbaut. Dieses kleine Gebäude gehört mit seiner eleganten, ausdrucksstarken Silhouette und seinen erlesenen Proportionen zu den schönsten Bauwerken des 18. Jahrhunderts. Den plastischen Dekor der Kuppel schuf der Meister Stallmeier. Die Interieurs entstanden nach Entwürfen von

Miniaturporträt Peters des Großen im Rahmen.
Meister Charles Boit. 1717

Fächer. Frankreich. 1770

Tabakdose zum Andenken an den Sieg der russischen Truppen in der Schlacht bei Kunersdorf während des Siebenjährigen Krieges. 1759. England

DER GROSSE PALAST

Lüster. Polen, 19. Jahrhundert

Schlafzimmer

Kabinett

Toilettenzimmer

men der Nord-Enfilade, eine Ausstellung von Exponaten aus der Sonderschatzkammer von Peterhof untergebracht. Es handelt sich hierbei um Gegenstände aus persönlichem Besitz russischer Monarchen: Gemälde, Hofkleider, Möbel, Juweliererzeugnisse etc.

Rastrelli, Stallmeier, Egg und Woronin. Unter Katharina II. wurden einige Räume von Jurij Velten umgestaltet. Nach Katharinas Thronbesteigung diente das kleine Gebäude als Quartier für fürstliche Gäste. Heute ist in den kürzlich restaurierten Sälen des Wappen-Pavillons, darunter auch in den Galaräu-

41

Große Kaskade

Die Große Kaskade, ein grandioses Denkmal für den Sieg Russlands im Großen Nordischen Krieg, ein baukünstlerisches Ensemble von Weltbedeutung, ist der Hauptschmuck von Peterhof. Sie umfasst über 70 Fontänen, fasziniert durch einen außergewöhnlichen Reichtum des plastischen Dekors und eine erstaunliche Einheit und Ausdrucksstärke. Die erhalten gebliebenen Skizzen, die von Peter dem Großen eigenhändig angefertigt wurden, zeugen davon, dass es seine Idee war, am Hang vor dem Großen Palast diese Fontänenanlage entstehen zu lassen. Mit dem Bau wurde spätestens 1715 begonnen, was aus dem Ukas vom 24. Januar 1715 »Über die Bauarbeiten im kommenden Sommer« hervorgeht. An der Errichtung der Kaskade beteiligten sich die Architekten Johann Braunstein, Jean-Baptiste Le Blond, Nicolas Michetti und Michail Semzow, der Hydrauliker Paul Sualem u.a. Im August 1723 fand die grandiose Eröffnungszeremonie statt.

Das Wasser fließt über die terrassenähnlich angelegten steilen, acht Meter breiten, mit Tuffstein und Marmor verkleideten Stufen der Kaskade, deren Gesamtfläche 300 Quadratmeter beträgt, nach unten, in ein großes, als Zaubersee interpretiertes Becken, an dessen Ufern heidnische Gottheiten sitzen, und dann in den 500 Meter langen und 12 Meter breiten Seekanal, der zum Finnischen Meerbusen führt. Die Balustraden schmücken vergoldete Plastiken und Vasen. Zwischen der oberen und der unteren Terrasse befinden sich die künstlichen Grotten, denen man eine Ähnlichkeit mit natürlichen Höhlen verlieh. Ursprünglich war das vermutlich bereits 1715 entstandene Becken rechteckig, 1716 gab ihm Le Blond eine ovale Form.

Der Seekanal, die Hauptachse des Unteren Parks, war in der Petrinischen Epoche schiffbar, wozu der Ingenieur Wassilij Tuwolkow 1723 eine Schleuse baute. 1735, nach der Errichtung der Fontäne *Samson reißt dem Löwen den Rachen auf* in der Mitte des Beckens, wurde der Schiffverkehr eingestellt. Nur an großen Festen liefen kleinere Jachten in den Kanal ein, der an solchen Tagen zum Mittelpunkt von Feuerwerken wurde. Den Kanal schmücken 22 Fontänen in den parallel verlaufenen Fontänen-Alleen und 22 Maskaronen-Fontänen in Löwenform unmittelbar an den mit Granitplatten verkleideten Ufern, die durch zwei Brücken miteinander verbunden sind.

PETERHOF

Fontäne *Trompetende Tritonen*    Die Untere Grotte. Mittelsaal

Skulpturen der Großen Kaskade

Der Skulpturenschmuck der Großen Kaskade umfasst ca. 250 Plastiken aus Bronze, Blei und Marmor, von denen über 30 auch als Fontänen dienen. Dieses dem Triumph Russlands als Seemacht gewidmete Ensemble entstand im Laufe eines Jahrhunderts. Den Grundstock dafür bildeten 60 große und 20 kleine vergoldete Bleistatuen, die 1717 aus Amsterdam nach Peterhof gebracht wurden. Dann fertigte Conrad Osner nach Le Blonds Zeichnungen Modelle dekorativer Skulpturen, Reliefs und Maskarone, nach denen in England Originale in Metall angefertigt wurden; die Abgüsse kamen 1721-1722 nach Peterhof. Eine weitere Partie Skulpturen kam 1723 aus Den Haag. Die ursprünglichen Plastiken wurden nach den Zeichnungen und Modellen von Le Blond, Braunstein, Osner, Carlo Bartolomeo Rastrelli, Michetti und François Vassou angefertigt. Die an den Kaskadenstufen angebrachten vergoldeten Reliefs und Konsolen heben sich effektvoll vom blau-grünen Hintergrund ab und geben der Anlage ein besonderes Gepräge. Die berühmte Fontänenskulptur *Samson reißt dem Löwen den Rachen auf* schmückt die Kaskade seit 1735, die *Trompetenden Tritonen* seit 1738.

Am Ende des 18. Jahrhunderts wurde beschlossen, die alten, unansehnlich gewordenen Bleiskulpturen durch bronzene zu ersetzen. 1806 entstanden 32 neue Statuen, teils Originale, Werke der bedeutendsten Bildhauer, teils Kopien antiker Meisterwerke. Zu den Originalen gehören die *Tritonen, Wolchow, Acis* (Bildhauer Iwan Prokofjew), *Perseus, Newa, Sirenen* (Feodossij Schtschedrin), *Aktäon* (Iwan Martos), *Pandora* (Fedot Schubin), *Galatea, Jupiter, Juno* und *Najaden mit Tritonen* (Jean Dominique Rachette).

Statue *Jupiter*. Nach dem Modell von Jean Dominique Rachette. 1801

Statue *Venus Kallipygos*. Nach einem antiken Original. 1800

Statue *Perseus*. Nach dem Modell von Feodossij Schtschedrin. 1801

Statue *Aktäon*. Nach dem Modell von Iwan Martos. 1801

Grotten der Großen Kaskade

Die berühmten Grotten (vom italienischen *grotta* = Höhle), die Untere und die Obere (auch die Große und die Kleine), geben der Großen Kaskade eine geheimnisvolle Anziehungskraft. Die über 40 Meter lange und neun Meter hohe Außenwand der im Frühling 1715 errichteten Großen (Unteren) Grotte ist von fünf Bogen unterbrochen und mit Tuff verkleidet, als Schlusssteine sind hier vergoldete Maskarone angebracht.

1721 befahl Zar Peter, im mittleren Saal eine Scherzfontäne in Form eines »Spritztisches«, 1723 einen »Wasservorhang« vor dem Eingang einzurichten (dieses Projekt wurde 1727 von Pjotr Jeropkin verwirklicht.) Auf der Terrasse befand sich die nach Zar Peters Zeichnung geschaffene Fontäne *Rad*. 1860 wurde die »Architektonik« der Wasserstrahlen geändert, und sie hieß seitdem *Korb*. Im Innern ist die Große Grotte mit Marmorbüsten und vergoldeten Statuen geschmückt.

Fontäne *Sirenen*. Nach dem Modell von Feodossij Schtschedrin. 1805

Fontäne *Der Kämpfer Borghese*. Nach einem antiken Original aus dem 1. Jh.

Fontäne *Wolchow* am Großen Becken. Nach dem Modell von Iwan Prokofjew. 1805

Die drei Meter hohe und 42 Meter breite, durch Nischen gegliederte Außenwand der Kleinen (Oberen) Grotte entstand, nachdem Peter der Große 1721 den Wunsch geäußert hatte, über der Großen Grotte zwei kleine errichten zu lassen, womit er Nicolas Michetti beauftragte. Dieser dekorierte die Wand der Grotte mit wasserspeienden Maskaronen *Bacchus* und *Neptun*, vergoldeten Reliefs und zwei Balustraden. 1724 befahl Peter der Große Rastrelli, die Fontänen *Bacchus* und *Neptun* durch größere zu ersetzen. Diese zwei Meter hohen Maskarone stellen heute symbolischen Ursprung der Großen Kaskade dar. Die Marmorbüsten in den Nischen versinnbildlichen die vier Jahreszeiten. 1738 wurden auf der Plattform der Kleinen Grotte die trompetenden Tritonen aufgestellt (Bildhauer Carlo Bartolomeo Rastrelli).

Fontäne *Samson reißt dem Löwen den Rachen auf*

Die Fontäne *Samson reißt dem Löwen den Rachen auf*

Über die Marmorstufen der Großen Kaskade fließt das Wasser in das am Fuß des Hügels gelegene Becken und von dort in den Seekanal, an dessen Ufern alle möglichen wasserspeienden Gottheiten zu sehen sind.

1735, im Zusammenhang mit den Feierlichkeiten anlässlich des 26. Jahrestages der Schlacht bei Poltawa (1709), entstand in der Mitte des Bekens die Fontäne *Samson reißt dem Löwen den Rachen auf*, die Apotheose der Peterhofer Fontänenpracht. Die Idee dieser Fontäne, deren Wasserstrahl auf die Höhe von 21 Metern steigt, stammte von Peter dem Großen selbst, doch sollte nach seinem Plan nicht *Samson*, sondern Herkules zur Hauptgestalt der Komposition werden. Die Schlacht bei Poltawa fand aber am Gedenktag des russischen Heiligen Sampsonij Strannopriimez (der Gastfreundliche) statt, und da der Löwe ein Bestandteil des schwedischen Staatswappens war, ist der allegorische Sinn der Skulptur eindeutig.

Die Bleistatue des Samson entstand nach dem Entwurf von Bartolomeo Carlo Rastrelli. Im Jahre 1801 wurde sie von einer neuen, bronzenen, abgelöst, bei der es sich um ein Werk des bedeutendsten Vertreters des russischen Klassizismus, Michail Koslowskij, handelt.

Der Untere Park

Auf dem Territorium des Park- und Schloss-Ensembles von Peterhof befinden sich etwa fünfzehn Parks, die sich über zehn Kilometer am Finnischen Meerbusen entlang erstrecken. Am schönsten und berühmtesten ist der 2,5 Kilometer lange und 500 Meter breite Untere Park, ein einzigartiges Meisterwerk der Gartenkunst und Landschaftsarchitektur. Seine lange Entstehungs- und Entwicklungsgeschichte spiegelt mehrere historische Epochen wider. Er nimmt eine Fläche von 102,5 Hektar ein. Drei Ensembles – der Zentrale, der Westliche und der Östliche – bilden ein harmonisches Ganzes. Der Planung liegt das Prinzip der strahlenförmig angelegten und sich kreuzenden Alleen zugrunde. Die Hauptalleen führen zum Finnischen Meerbusen oder zu einer größeren Fontäne. Die Achse des Parks bildet der Seekanal, rechts und links von dem symmetrisch, in gleicher Entfernung, die beiden berühmten Fontänen *Adam* und *Eva*, die Goldberg-Kaskade und die Schachbrett-Kaskade sowie das kleine Schloss *Monplaisir* und der Pavillon *Eremitage* gelegen sind.

Die Großen Parterres

Die Großen Parterres

Parterres – mit flachen Beeten angelegte Bereiche eines Gartens – liegen zumeist unmittelbar vor der Gartenfront eines Gebäudes und sind für eine Aufsicht aus diesem konzipiert. Parterres mit ausgesprochenem Ziercharakter, wobei durch die Kombination von Blumenbepflanzung, niedrigem Buchs und auch Kieselsteinen farbige Muster entstehen, die aufgrund ihrer Kleinteiligkeit und oft auch nichtlinearen Form wie Stickerei (Broderie) wirken, wurden im 18. Jahrhundert meist streng symmetrisch

Fontäne *Nymphe*

DER UNTERE PARK

angelegt. Die an französischen Vorbildern orientierten Großen Parterres vor Großen Kaskade sind ein Werk des Gartenmeisters Bernard Fauque. Auf einer Linie mit dem *Samson,* rechts und links von ihm, befinden sich die von den Brüdern Barratini und Paul Sualem errichteten *Schalenfontänen* mit je 10 Meter hohem Wasserstrahl: die Italienische (westlich) und die Französische (östlich).

Am Hang des Hügels vor den Großen Parterres gibt es zehn kleine Kaskaden, deren Wasser in die Steinschalen der sogenannten Terrassen-Fontänen fließt, die 1799-1801 vom Architekten F. Brower und dem Fontänenmeister Fjodor Strelnikow nach dem Entwurf Andrej Woronichins geschaffen wurden. Ursprünglich waren die Stufen der Kaskaden aus Pudost-Stein, wurden dann in den 1850er Jahren von Andrej Stakenschneider durch Marmorstufen ersetzt.

Fontäne *Danaide*

Terrassen-Fontäne

Löwenskulptur an der Woronichin-Kollonade

Woronichin-Kolonnaden

Im Norden flankieren zwei schlanke, 21 Meter lange Kolonnaden mit vergoldeten Kuppeln und Vasen die Großen Parterres. Granittreppen mit Löwenfiguren an den Seiten führen in die von je acht dorischen Doppelsäulen aus grauem Serdobolsk-Granit dekorierten Galerien. Die Außenwände der Kolonnaden sind mit Marmor verkleidet. Diese Kolonnaden wurden 1800-1803 nach dem Entwurf von Andrej Woronichin an der Stelle der baufällig gewordenen Holzgalerien errichtet. Auf den Dächern sind je drei Fontänen in Form dekorativer Vasen zu sehen.

DER UNTERE PARK

Orangerie

Fontäne *Triton*

Orangerie-Garten

Östlich der Großen Parterres befindet sich der kleine Orangerie-Garten, ein charakteristisches Beispiel solcher Gartenanlagen der Petrinischen Epoche. Mit dem Bau wurde 1722 auf Befehl Peters des Großen begonnen. Den Entwurf lieferte Nicolas Michetti, die Bauarbeiten leitete 1722-1725 Johann Braunstein. Das zierliche, wie ein kleines Schloss anmutende Gebäude mit der halbrunden Fassade diente zur Aufbewahrung von kälteempfindlichen Pflanzen im Winter.

Die Hauptsehenswürdigkeit des Orangerie-Gartens ist die 1726 nach dem Modell von Carlo Bartolomeo Rastrelli entstandene Fontäne *Triton* in einem runden Becken. Die Skulpturen der Fontäne – Triton im Kampf mit einem Meeresungeheuer und die Schildkröten – haben allegorische Bedeutung: Sie versinnbildlichen die junge russische Kriegsmarine, die der schwedischen Flotte am 27. Juli 1714 in der Schlacht von Hanko eine vernichtende Niederlage zugefügt hat.

Römische Fontänen

Das Parterre vor der Schachbrett-Kaskade im Ostteil des Unteren Parks gestaltete in der Mitte des 18. Jahrhunderts der Gartenmeister Bernard Fauque. Hier, auf einem Boulingrin (franz., ursprünglich Rasenplatz für das Boule-Spiel; vertieft gelegene, parterreartige Rasenfläche, die auch mit Mustern gestaltet oder durch Broderien aufgelockert sein kann) wurden damals Blumen gepflanzt. Die Idee, hier zwei Fontänen errichten zu lassen, war bereits unter Peter dem Großen aufgekommen, wurde jedoch erst 1738-1739 von den Architekten Blank und Dawydow und dem Fontänenmeister Sualem verwirklicht. Da die Fontänen ursprünglich den Springbrunnen vor der St.-Peterskirche in Rom nachgebildet waren, erhielten sie den Namen *Römische Fontänen*. 1756 verlegte sie Rastrelli etwas weiter, an die Achse der Birkenallee, und gestaltete sie um. Der Zar Paul I. ließ sie mit Granit und Marmor verkleiden. 1817 wurden die bleiernen Maskarone durch Bronzen ersetzt (Bildhauer Iwan Martos).

Schachbrett-Kaskade (Drachen-Kaskade)

Das dekorative Ensemble *Schachbrett-Kaskade* (auch Drachen-Kaskade) bildet den Kompositionszentrum des Ostteils des Unteren Parks. Ein mit Tuff verkleideter »Berghang« hat vier breite, wie ein Schachbrett bemalte Terrassenstufen. Oben und unten sind Grotten eingerichtet. Den Eingang in die obere Grotte »bewachen« drei buntbemalte wasserspeiende Drachen. Zu beiden Seiten der Kaskaden stehen auf Steinpostamenten Marmorskulpturen, Werke italienischer Bildhauer des frühen 18. Jahrhunderts, bei denen es sich um mythologische Gestalten handelt: Neptun, Jupiter, Andromeda, Flora, Pomona, Ceres, Vulkan und Pluton. Die Errichtung der Schachbrett-Kaskade begann bereits unter Zar Peter. Den Plan des Zaren, der eine ähnliche Anlage in Marly le Roi, einer Residenz des französischen Königs Ludwig XIV., gesehen hatte, verwirklichten in den 1730er Jahren die Architekten Braunstein, Michetti, Semzow und Ussow. Während der Wiederherstellungsarbeiten nach dem Zweiten Weltkrieg gaben die Restauratoren der Kaskade ihr ursprüngliches Aussehen zurück.

Denkmal für Peter den Großen

An der Kreuzung der Marly-Allee und der Monplaisir-Allee wurde am 8. Mai 1884, anlässlich des bervorstehenden 200. Geburtstages des Gründers von Peterhof, ein Bronzedenkmal für Peter den Großen aufgestellt (Bildhauer Michail Antokolskij).

Die Fontäne *Pyramide*

Die Fontäne *Pyramide* gehört zu den eigenartigsten Werken der Fontänenkunst und ist die wasserreichste Fontäne des Unteren Parks. 1721 fertigte Michetti im Auftrag des Zaren eine Zeichnung an, die die Fontäne *Obelisk* in Versailles wiederholte. Der Zar Peter änderte deren Form und ließ statt eines dreiseitigen

»Obelisken« einen vierseitigen entstehen. Die 1721 begonnenen und vom Architekten Semzow und dem Fontänenmeister Sualem geleiteten Arbeiten wurden kurz vor Peters Tod abgeschlossen. Der bereits erwähnte Kammerjunker des Herzogs von Holstein-Gottorp, General Friedrich Wilhelm Bergholz, beschrieb auch die neue Fontäne – eine acht Meter hohe Wasserpyramide – ganz begeistert in seinem Tagebuch. Der Wasserverbrauch betrug 150 Liter pro Sekunde. Der Effekt dieser *Pyramide* wird durch 505 Kupferröhre erreicht, die so angeordnet sind, daß die daraus schießenden Wasserstrahlen verschieden hoch sind. Je näher ein Rohr zur Mitte liegt, desto höher ist der Strahl. Die *Pyramide*, die auch an einen Obelisken erinnert und dadurch ebenfalls als ein Denkmal für den Sieg im Großen Nordischen Krieg empfunden wurde, ist von einer weißen Marmorbalustrade mit Vasen umgeben.

Fontäne *Sonne*

Vom Denkmal für Peter den Großen gelangt man auf der Monplaisir-Allee, die nach Norden, zum *Monplaisir*, dem Lieblingsschloss Peters, führt, in den Menagerie-Garten, der von Peter selbst als ein kleiner Tiergarten geplant (franz. *menagerie* = Tiergarten) und 1719 von den Architekten Le Blond und Braunstein angelegt wurde. Die Hauptsehenswürdigkeit dieses Gartens ist die Fontäne *Sonne*. 1723 wurde die nach dem Projekt von Michetti geschaffene Fontäne getestet und dann auf Befehl des Zaren mehrmals umgestaltet. Die heutige Version stammt aus dem Jahr 1775 (Architekten Jurij Velten und Iwan Jakowlew). Eine dreieinhalb Meter hohe Säule, umgeben von sechzehn vergoldeten wasserspeienden Bronzedelphinen, rotiert mittels eines im Postament untergebrachten Wasserrads. Von der vergoldeten Bronzescheibe, die an der Säule befestigt ist, scheinen, durch das glitzernde Wasser vorgetäuscht, 187 Strahlen auszugehen. Diese *Sonne* gehört heute zu den seltenen Beispielen der mechanischen Fontänen des 18. Jahrhunderts.

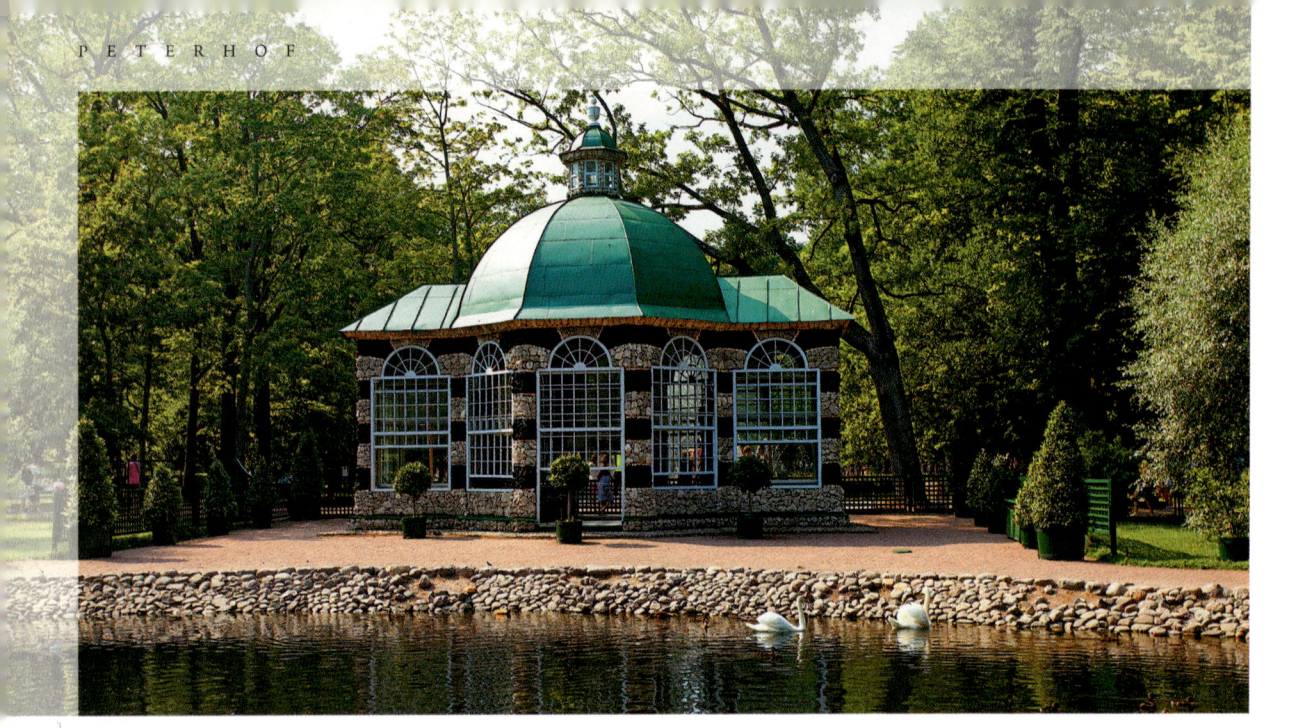

Ostvoliere und Schwanenteich

Malerei in der Kuppel der Ostvoliere. 1722

Volieren

Die Volieren – große Vogelkäfige, in denen die Vögel fliegen können – wurden von Michetti nach der Mode des 16. und 17. Jahrhunderts erbaut. Der französische Künstler Louis Caravaque schmückte die außen mit Muscheln und Tuff verkleideten Pavillons im Innern mit erlesenen Wandmalereien. Im 18. Jahrhundert bevölkerten Vogelscharen den Menagerie-Garten und die beiden Volieren: Nachtigallen, Drosseln, Spornammern, Zeisige, Finken, Hänflinge, Gimpel, Papageien, Kanarienvögel u.a. Für Pfauen und Fasane wurden separate große Käfige aufgestellt. Im Winter wurden die Vögel in den westlich des Schlosses *Marly* gelegenen Vogelhof überführt.

Scherzfontänen

Eine besondere Sehenswürdigkeit von Peterhof sind die berühmten Scherzfontänen. Die Mode für Wasserspiele führte in Russland Peter der Große ein, der sie in Frankreich gesehen hatte, wo sie beim Hof Ludwigs XIV. sehr beliebt waren.

Eine der ältesten Scherzfontänen, der *Wasserweg* in der Monplaisir-Allee, wurde von Michetti nach Peters Plan geschaffen. Dieser Weg verwandelte sich plötzlich in einen durch 300 Wasserstrahlen gebildeten Wasserbogen. Die ersten Gäste erlebten dieses »Wunder« bereits 1721. Die Scherzfontänen waren schon immer und bleiben bis heute eine Heiterkeitsquelle für große und kleine Besucher. Die Fontäne *Schirm* (*Pilz*) entstand 1796 (Architekt F. Brower). Die Wasserstrahlen bilden einen dichten Wasservorhang und halten die überraschten »Opfer« einige Minuten gefangen. Die 1735 nach dem Entwurf von Carlo Bartolomeo Rastrelli geschaffene Scherzfontäne *Eiche* befand sich ursprünglich im Oberen Garten. Der Fontänenmeister Fjodor Strelnikow vervollkommnete sie, indem er die »Eiche« mit grünen Blättern versah und mit »Tulpen« umgab. Daneben standen zwei Bänke, hinter denen Wasserröhre versteckt waren. Die 1784 geschaffenen *Tannen* wirken so echt, dass sie für richtige Tannen gehalten wurden. Das Wasser spritzt hier aus auf den Zweigen angebrachten Wasserdüsen.

Fontänen *Tannen*, *Eiche*, *Bank* und *Schirm*

Baukünstlerisches Ensemble *Monplaisir*

Das kleine, direkt am Ufer des Finnischen Meerbusens gelegene Schloss *Monplaisir* (franz. *mon plaisir* = mein Vergnügen) bringt den Charakter des großen Reformers und des Gründers von Peterhof besonders deutlich zum Ausdruck. Es war der bevorzugte Sommersitz des Zaren. Er hat den Standort für das Schloss selbst ausgesucht und lieferte auch den Bauentwurf. Die Grundsteinlegung fand im Mai 1714 statt. Der von einem geteilten Dach mit einer geschnitzten Vase in der Mitte gekrönte Mittelteil des Gebäudes liegt

Fontänen *Garbe* und *Faun mit Geißlein* im Monplaisir-Garten

auf einer kleinen Landspitze. Peter, der damals unter dem Eindruck seiner Amsterdam-Reise stand, war bestrebt, in seinem neuen Haus die in Holland gewonnenen Vorstellungen von Komfort verwirklichen zu lassen. Die Innenausstattung erinnerte an die Villen reicher Amsterdamer. An den Bau- und Ausgestaltungsarbeiten beteiligten sich Andreas Schlüter, Johann Braunstein, Jean-Baptiste Le Blond, Nicolas Michttei, Nicolas Pineau, Philipp Pilmann, Louis Caravaque u.a.

Schloss *Monplaisir*

An das schlichte Hauptgebäude schließen sich zwei leichte, helle Galerien an, die in Pavillons enden. Beim Regen konnte man in den Galerien spazieren gehen und gleichzeitig den Garten und das Meer sehen. Nach Friedrich Wilhelm Bergholz' Worten wohnte Zar Peter während seiner Peterhof-Besuche in eben diesem »kleinen, aber reizenden, mit zahlreichen erlesenen holländischen Gemälden geschmückten Haus«, denn »hier fühlte er sich wohl und gab darum nicht ohne Grund diesem Ort den Namen »Mein Vergnügen«.

Zu Beginn des 18. Jahrhunderts kam eine neue Mode auf: für die Chinoiserien (an chinesische Vorbilder anknüpfende Zierformen in der Kunst). Das Lackkabinett im Schloss *Monplaisir*, eines der ersten russischen

Lackkabinett

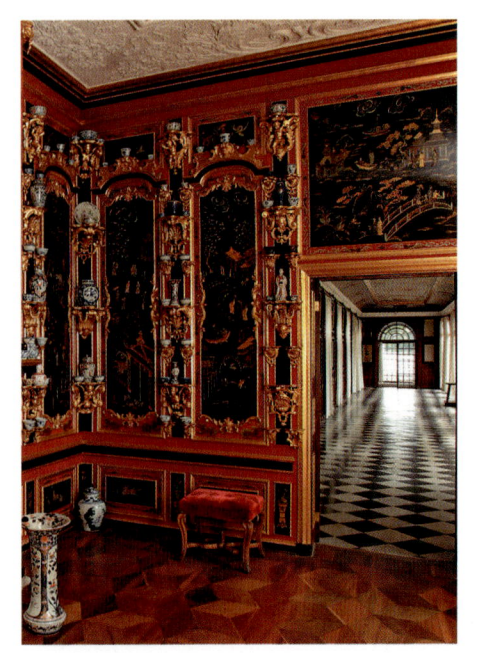

Seekabinett

Paradesaal

Galerie

Interieurs im orientalischen Stil, ist ein prägnantes Beispiel dafür. 94 Lackpanneaus mit vielfigürigen Kompositionen wurden von zehn talentierten russischen Ikonenmalern unter Hendrik van Brunkhorst ausgeführt.

Als Peter der Große sein Schloss ausgestaltete, ließ er sich von seiner Liebe zum Meer und zum Schiffsbau leiten. Kein Wunder daher, dass in seiner Sammlung westeuropäischer Malerei Seelandschaften einen bedeutenden Platz einnehmen. Von den 201 Gemälden dieser Kollektion sind 120 erhalten geblieben. In seinem geliebten Monplaisir, am Ufer des Meeres, fühlte sich der Zar Peter wie ein Schiffskapitän an Deck. Von hier aus konnte er auch schnell die Insel Kronstadt mit den vielen Schiffen auf Reede davor erreichen.

Der Katharinen-Flügel

Dieses von Rastrelli 1749 an der Stelle der alten Orangerie des *Monplaisir* als »Lusthaus« erbaute Gebäude (ursprünglich Elisabeth-Flügel) war für kleine Bälle, Maskeraden und Kartenspiel bestimmt. Während der Ausgestaltungsarbeiten, die zehn Jahre lang dauerten, wurde es mit für Rastrelli so typischen vergoldeten Holzschnitzereien, kostbaren Stoffen und prachtvollen Parkettböden dekoriert. Nach der Thronbesteigung Peters III. bewohnte seine in Ungnade gefallene Frau, Jekaterina Aleksejewna (die spätere Katharina II.), den Flügel. Am 28. Juni 1762 trat sie von hier aus an der Spitze der ihr treuen Garderegimenter ihren Siegeszug nach Sankt Petersburg an, um ihren Mann zu stürzen und sich zur Alleinherrscherin auszurufen. 1785-1786 gestaltete Giacomo Quarenghi, unter Teilnah-

Schlafzimmer Alexanders I.

DER UNTERE PARK

Gelber Saal

Blaues Gastzimmer

me des Bildhauers Rachette und des Dekorateurs Scotti, im Auftrag der Zarin alle acht Räume des Flügels im Stil des Klassizismus um und schmückte sie mit Pilastern, Stuckornamenten und Grisaillen, Malereien in grauen, braunen oder grünen Farbtönen, die plastischen Dekor vortäuschen. 1810 wurde der Palast zum letzten Mal, diesmal im Stil des Empire, umgestaltet. Die eleganten Säle schmücken Ende des 18. und Anfang des 19. Jahrhunderts nach Zeichnungen von Carlo Rossi, Andrej Woronichin und Wassilij Stassow eigens für Peterhof angefertigte Möbel. Im Gelben Saal, dem feierlichsten Raum des Katharinen-Flügels, ist das berühmte Gurjewskij-Service zu sehen. Es wurde 1809 in der damals vom Grafen Gurjew geleiteten Kaiserlichen Porzellanmanufaktur Sankt Petersburg in Auftrag gegeben und war erst Ende des Jahrhunderts fertiggestellt: Das aus ca. 5.000 Teilen bestehende Service gehört zu den größten und schönsten der Welt.

Bade-Flügel

Kaltes Bad

Baderaum für die Kavaliere

Der Bannyj (Bade-) und der Küchen-Flügel

Diese beiden Flügel des Schlosses *Monplaisir* sind einzigartige Denkmäler der russischen Lebenskultur des 18. und 19. Jahrhunderts. Die West- und die Ostgalerie wurden 1719-1721 nach dem Entwurf von Braunstein an das Hauptgebäude errichtet. Später erbaute Michail Semzow bei der Ostgalerie ein Badehaus und dann, 1726, den Küchen-Flügel. Während der Regierungszeit der Elisabeth Petrowna errichtete Rastrelli in diesem Gebäude einen Saal für »Assembleen«, die Küche und ein neues Bad. Unter Katharina II. gab es hier ein Bassin mit einem Hubboden, das mit Wasser aus dem Finnischen Meerbusen gefüllt wurde. Paul I. ließ das hölzerne Badehaus durch ein steinernes ersetzen. Im 19. Jahrhundert diente es als Bad für Höflinge, wurde aber auch von der Familie Nikolaus' I. benutzt: Seine Frau Aleksandra Fjodorowna nahm hier Gesundheitsbäder. Der Architekt Eduard Gan gestaltete 1866 die Innenräume um und richtete einige Säle für Wasserkuren der Zarin Maria Fjodorowna, der Frau Alexanders II. ein.

Der mit Eichenholz vertäfelte und mit 17 russischen Wandteppichen aus dem 18. Jahrhundert dekorierte Assembleen-Saal befindet sich hinter dem Badeflügel, unter einem Dach mit dem »Servierzimmer«, der Küche und dem »Kaffeezimmer«. Die Geschichte all dieser Räume geht auf das Jahr 1725

DER UNTERE PARK

Assembleen-Saal

Gobelin *Amerika*. 1730-1750-e

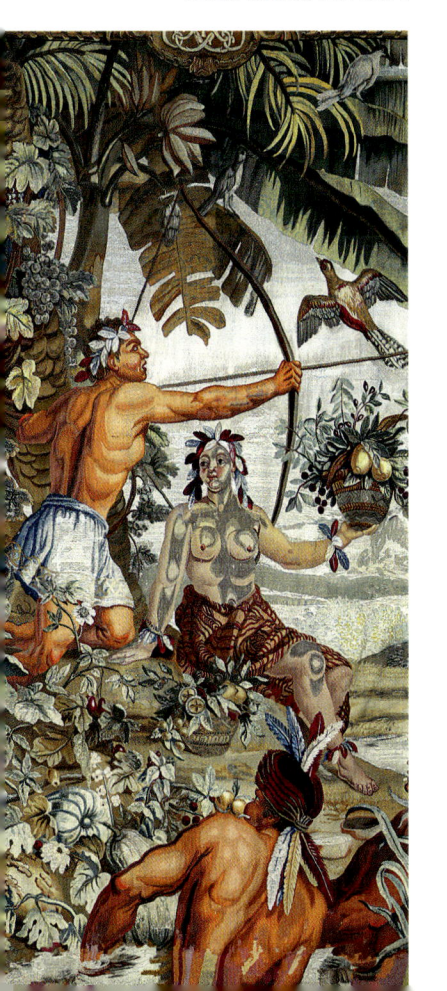

zurück, als Katharina I. dem Architekten Michail Semzow befahl, »eine Küche und andere Diensträume einzurichten«. Bemerkenswert sind hier auch die mit Teppichen bespannten Stühle russischer Arbeit aus den 1720er Jahren sowie das Küchengerät. In dieser Küche »zauberten« an erlesensten Speisen einige berühmte Köche herum, die in die Geschichte Peterhofs eingegangen sind: Johann Velten (unter Peter dem Großen), Johann Fuchs (unter Katharina I. und Elisabeth Petrowna), Marie-Antoine Carême (unter Alexander I.), Jean-Pierre Cubat (unter Alexander II.) u.a. Das »Kaffezimmer« war ein Zugeständnis an die von Peter dem Großen eingeführte Mode für Kaffeetrinken.

Küche

Die Fontänen *Adam* und *Eva*

Auf zwei vom Schloss *Monplaisir* nach Südwesten führenden Wegen gelangt man zur Monplaisir-Allee zurück, zu einem kleinen Platz, in dessen Mitte sich eine der ältesten Fontänen Peterhofs befindet: *Adam*, bei dem es sich um das Pendant zur Fontäne *Eva* im Westteil des Unteren Parks, in der Marly-Allee, handelt. Die beiden 1720 entstandenen Fontänen symbolisierten die Ehe Peters des Großen und Katharinas I. Die Marmorstatuen *Adam* und *Eva* wurden 1717 im Auftrag Peters des Großen von Giovanni Bonazza in Venedig als freie Nachbildungen der Skulpturen von Antonio Rizzi im Dogenpalast geschaffen. Die beiden symmetrisch angelegten Fontänen – an zwei Kreuzungen im Ost- und Westteil des Unteren Parks, in gleicher Entfernung vom Seekanal –, stehen in der Mitte ihrer oktaedrischen Becken (Durchmesser 17 m), umgeben von je sechzehn 6,5 hohen Wasserstrahlen, und bilden zwei Kompositionszentren des Parks. Zuerst, schon zu Lebzeiten Peters, wurde die Fontäne *Adam* eröffnet. Die vom Fontänenmeister Timofej Ussow geschaffene *Eva* entstand unter Katharina I., 1726, nach dem gleichen Projekt.

DER UNTERE PARK

Mechanismus des Hubtisches

Pavillon *Eremitage*

Das direkt am Ufer des Finnischen Meerbusens, westlich vom Seekanal, gelegene, von einem breiten Wassergraben umgebene kleine Schloss *Eremitage* (das französische Wort »ermitage« bedeutet Einsiedelei) war im 18. Jahrhundert durch eine Zugbrücke mit dem Park verbunden. Es wurde in den Jahren 1721-1725 nach dem Entwurf von Braunstein errichtet und diente dann als Vorbild für viele ähnliche Bauwerke in Russland. Der Zar Peter konnte nicht umhin, auch hier seiner Liebe zum Meer Ausdruck zu geben, und befahl, die Balkone aus Eichenholz mit schmiedeisernen Gittern in Form von Nachbildungen der Gitter am Kaiserlichen Flaggschiff »Ingermanlandia« zu dekorieren. Peter hatte von diesem Schiff die vereinigte Flotte Russlands und seiner Verbündeten während des Großen Nordischen Krieges – Englands, Hollands und Dänemarks – befehligt. Eine »Sonderattraktion« der für Festessen im engen Familien- oder Freundeskreis bestimmten *Eremitage*, war ein großer Esstisch für 14 Personen im Großen Saal des Obergeschosses, der mit Hilfe eines Lastenaufzuges ins Parterre, in dem sich die Küche befand, hinabgelassen und vollständig gedeckt wieder heraufgezogen werden konnte. Das kleine Schloss war Schauplatz vieler historischer Ereignisse. Hier las beispielsweise der berühmte russische Dramatiker Denis Fonvisin in Anwesenheit Katharinas II. seine Komödie *Der Brigadier* vor. Die Wände des Großen Saals wurden 1759 nach Rastrellis Entwurf mit Gemälden flämischer, holländischer, französischer und deutscher Maler des 17. und 18. Jahrhunderts dekoriert.

DER UNTERE PARK

Pavillon-Saal

Unbekannter Künstler des 18. Jh. *Schlacht bei Poltawa*. Kopie des Originals von Iwan Nikitin. 1727

Georg Gsell. *Apostel Paulus*. 1700-1740

Löwenkaskade

Der erste Entwurf dieser Fontänenanlage in der Eremitage-Allee, der allerdings nicht verwirklicht wurde, stammte von Nicolas Michetti. Sie entstand erst Ende des 18. Jahrhunderts. Andrej Woronichin errichtete ein rechteckiges Becken aus Pudost-Steinen mit Wasserfällen und dekorierte es mit Vasen und den für die damalige Zeit traditionellen Skulpturen *Herakles* und *Flora*, die bereits ein Jahr später durch bronzene Löwenskulpturen ersetzt wurden, daher der Name der Kaskade. In der Mitte des 19. Jahrhunderts errichtete

DER UNTERE PARK

Andrej Stakenschneider an der Stelle der alten Kaskade eine griechische Kolonnade: vierzehn acht Meter hohe Säulen aus grauem Serdobolsk-Granit, der in der damaligen Petersburger Architektur weit verbreitet war. Die Kapitelle der Säulen und die Fontänenschalen sind aus weißem Carrara-Marmor. Der Portikus ist ein kollektives Werk der besten Meister der Peterhofer Schleiffabrik. Innerhalb der Kolonnade sind zwölf Fontänen in Form von marmornen Schalen, in deren Mitte die *Aganippe*, Tochter des Flussgottes Termessus am Helikon, Nymphe der Quelle Aganippe am Musenberge zu sehen.

Fontäne *Walfisch*

In der Nähe der Löwenkaskade befindet sich der Pessotschnyj (Sand-)-Teich, in dessen Mitte in den 1730er Jahren die Fontäne *Walfisch* entstand, eine der sogenannten *Menagerie-Fontänen* (*fontaines ménagères* – »sparsame Fontänen«), bei denen das Wasser aus doppelwandigen Rohren hervor-schießt, so dass die scheinbar mächtigen Wasserstrahlen hohl sind.

Die südlich der Löwenkaskade gelegene marmorne »Gedenkbank« ist eine Art Denkmal für die Großfürstin Aleksandra, die jüngste Tochter Nikolaus' I., die 1844 bei der Entbindung starb. Nikolaus' I., den ihr Tod am schwersten getroffen hatte, ließ zum Andenken an die Tochter das Aleksandrinskaja-Krankenhaus in Sankt Petersburg gründen, eine Kapelle in Zarskoje Selo stiften und diese Marmorbank mit einer Büste der Aleksandra errichten (Bildhauer Iwan Witali).

Fontäne der Löwenkaskade *Nymphe Aganippe*

DER UNTERE PARK

Marmorbank an der Löwen-Kaskade

Fontäne *Walfisch*

Bauensemble *Marly*

Das architektonische Ensemble *Marly* befindet sich im Westteil des Unteren Parks. Sein Name ist auf Marly le Roi, eine Residenz des französischen Königs Ludwig XIV. bei Paris, zurückzuführen, die Peter der Große 1717 besuchte. Vom Anfang Mai bis Mitte Juni besichtigte er unermüdlich Versailles und seine Umgebung. Nach Peterhof zurückgekehrt, war er nicht bestrebt, die französische Vorlage nachzuahmen, sondern ließ sich von seinem eigenen Geschmack leiten.

Östlich vom kleinen Schloss liegt der Marly-Teich, westlich der Sektoralnyj-Teich, der durch drei Bogenbrücken von je dreißig Meter Länge in vier Sektoren eingeteilt ist. Dieser Teich spielte nicht nur eine dekorative Rolle; hier wurden Fische für die Zarentafel gezüchtet, darunter auch Störe. Heute ist diese Tradition wiederhergestellt.

Vordersaal

Standuhr. Meister W. Koster. Holland. Erstes Drittel des 18. Jh.

Schloss *Marly*

Die Architektur des 1720-1725 von Johann Braunstein erbauten Schloses ist durch erlesene Schlichtheit gekennzeichnet. Es hat nur sechzehn Räume, eine Treppe und zwei Korridore. Ursprünglich war es ebenerdig, doch Peter der Große befahl, es aufzustocken, da

Küche

Sessel. Westeuropa. 17. Jh.

DER UNTERE PARK

Hund. China.
18. Jh.

Uhr. Westeuropa.
Anfang des 18. Jh.

Schlafgemach

Eichenkabinett

seine Proportionen den Ausmaßen des Teichs nicht entsprachen. Die Fassaden sind sehr bescheiden, abgesehen von den Balkonen mit den Skulpturenkonsolen und schmiedeeisernen Gittern. Die schönsten Interieurs sind der Vordersaal, dem Peter gegen die Tradition die Rolle eines Salons einräumte, das Speisezimmer, das Eichen- und das Platanenkabinett sowie das mit kostbarem, blumengemustertem Stoff tapezierte Schlafzimmer. Die kleine Treppe ist mit einer Rocaille-Balustrade verziert, deren komplizierte Muster Adler und Kronen zeigen.

In den Zimmern sind Möbel aus der Petrinischen Epoche, Bücher aus der Bibliothek des Zaren, die Schiefertafel, die er eigenhändig angefertigt hat, Küchengerät u.a. zu sehen. Die Petersche Bildersammlung umfasst Werke holländischer, flämischer und italienischer Meister des 17. und 18. Jahrhunderts: Abraham Storck, Pietro Bellotti, Andrea Celesti u.a.

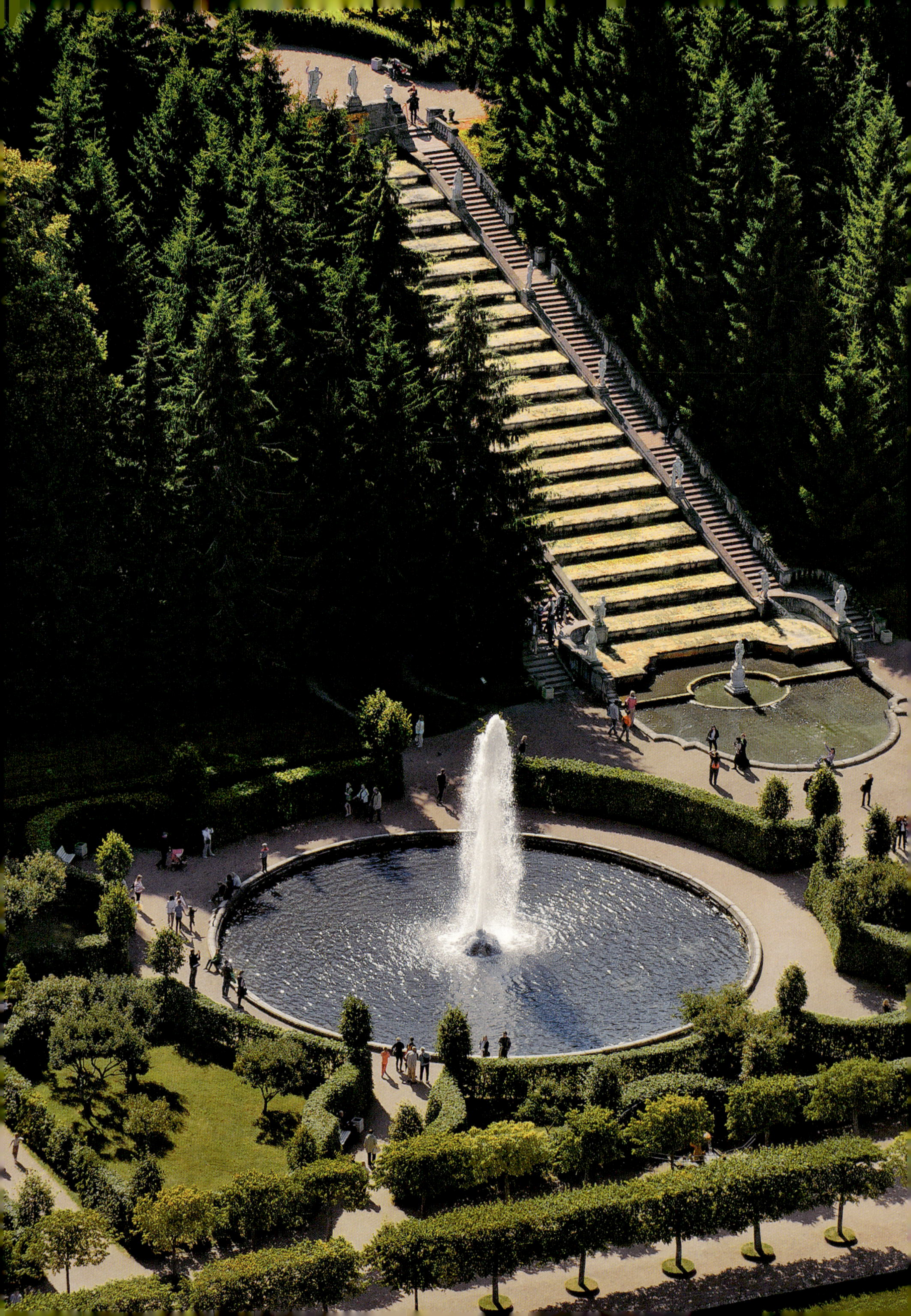

Marly-Kaskade (Goldberg-Kaskade)

Die Besonderheit des Marly-Ensembles besteht unter anderem darin, dass es aus drei symmetrisch angelegten Anlagen besteht: Vor der Ostfassade des Schlosses liegt der große Teich, der die Eleganz des Gebäudes betont, südlich befindet sich ein Parterre mit Fontänen, nördlich der *Venus-Garten*. Die beim Ausheben des Teiches gewonnene Erde wurde für die Errichtung des 250 Meter langen und südlich mit einer Schützmauer befestigten Marly-Walls verwendet. Der mit einer Balustrade versehene Wall schützt den Garten vor baltischen Winden. Von hier aus bietet sich ein herrlicher Blick auf das Meer, auf die Insel Kronstadt und Sankt Petersburg. Auf einem der drei runden Plätzen des Venus-Gartens steht die Marmorskulptur *Venus von Medici*, eine Kopie des antiken Originals aus dem frühen 19. Jahrhundert.

Marly-Park von der Goldberg-Kaskade gesehen

Venus von Medici im Venus-Garten. Nach einem antiken Original. Zwischen 1830 und 1860

1721 ließ Peter der Große im Westteil des Unteren Teils eine Kaskade errichten. Eine ähnliche Fontänenanlage hatte er in Marly le Roi gesehen, deswegen nannte er sie auch *Marly-Kaskade*. Den Entwurf lieferten Nicolas Michetti und Carlo Bartolomeo Rastrelli. Die Bauarbeiten, die Michail Semzow leitete, wurden 1732 abgeschlossen. Die Terrassen wurden mit Goldplatten dekoriert, daher der zweite Name der Kaskade. Vor der Kaskade liegt ein großes Bassin mit der Marmorstatue *Faun mit Geißlein* in der Mitte. An der Attika der oberen Terrasse sind die Skulpturen *Neptun*, *Triton* und *Nymphe*, zu beiden Seiten der unteren Terrasse *Andromeda* und *Flora* zu sehen. 1870 wurde die Goldberg-Kaskade vom Architekten Nikolaj Benois restauriert, die Terrassenstufen mit Marmor verkleidet, die alten vergoldeten Skulpturen aus Blei durch marmorne ersetzt. Bei diesen Plastiken handelt es sich um Kopien antiker Originale, die von unbekannten italienischen Künstlern des 19. Jahrhunderts ausgeführt wurden.

Menagerie-Fontäne

DER UNTERE PARK

Westlich des Marly-Ensembles befindet sich das Denkmal *Peter der Große mit Ludwig XV. auf dem Arm* von Leopold Bernstamm (1899), das Nikolaus II. erworben hatte und das eine reale Begebenheit vergegenwärtigt: Während seines Besuchs in Frankreich 1717 nahm Peter der Große zum Schrecken der Höflinge den 5-jährigen König »auf seinen Arm, küsste ihn und rief, so die Treppe hinaufschreitend«: »Ich trage Frankreich! – Übrigens wünsche ich von Herzen, dass Ew. Majestät wohl aufwachsen und einst löblich regieren mögen, vielleicht werden wir mit der Zeit einander brauchen und nützlich sein können«. Das Denkmal ist nicht erhalten geblieben und wurde 2005 vom Bildhauer Nikolaj Karlychanow neugeschaffen.

Skulptur *Peter der Große mit Ludwig XV. auf dem Arm.*
Nach dem Modell von Leopold Bernstamm. 1899

Park *Alexandria*

    Der riesige Landschaftspark *Alexandria* (115 Hektar), der sich östlich vom Unteren Park erstreckt, ist ein Meisterwerk der Landschaftskunst des 19. Jahrhunderts. Er wurde 1826-1829 nach dem Entwurf des schottischen Architekten Adam Menelaws vom Gartenmeister Pjotr Erler angelegt, der dabei die Beschaffenheit des Reliefs geschickt nutzte. Das niedrige Ufer des Finnischen Meerbusens bildet hier eine flache Terrasse, die in einen steilen, etwa zwölf Meter hohen Hügelhang übergeht. Von der oberen Terrasse bietet sich ein herrlicher

Von Hopfen umrankte Veranda. Architekt Eduard Gan. 1849

Blick auf das Meer und den Wald. Der Höhenunterschied erlaubte es Erler, effektvolle Landschaften zu »schaffen«.

Die Hauptsehenswürdigkeit des Parks ist das 1826-1829 von Menelaws erbaute Schloss *Cottage*. Den neuen Landsitz *Alexandria* schenkte Nikolaus' I. seiner Frau Aleksandra Fjodorowna, der er auch seinen Namen verdankt. Später entstanden noch eine Reihe bemerkenswerter Bauwerke. Vor allem sind das Schloss *Farm* und die St.-Alexander-Newskij-Kirche (*Chapelle* oder *Gotische Kirche*). Zum baukünstlerischen Ensemble

Ruinenbrücke. Architekt Adam Menelaws. 1827-1829

Gartenlaube *Gotischer Brunnen*. Architekt Adolf Charlemagne. 1855

der *Alexandria* gehören überdies die *Ruinenbrücke* auf dem Weg, der das *Cottage* und die St. Alexander-Newskij-Kirche verbindet, der *Gotische Brunnen* u.a.m.

Schloss *Cottage*

Ehrentreppe

In der Innenausstattung des Schlosses verbinden sich harmonisch eine elegante Pracht und Gemütlichkeit. Hier sind keine für Zarenpaläste charakteristischen Prunksäle zu sehen: Das Familienleben Nikolaus' I. verlief in relativ kleinen Appartements, in denen jedes Detail der Einrichtung wohl durchdacht war. Im Erdgeschoss befanden sich die Gemächer der Zarin Aleksandra Fjodorowna, die Gastzimmer und die Speisezimmer, in denen die ganze Familie zusammenkam, im ersten Stock die Gemächer des Zaren und die Kinderzimmer, im zweiten Zimmer für die Höflinge. Die Hauptachse des Gebäudes bildet die elegante gusseiserne Treppe, die in der Alexander-Gießerei Sankt Petersburg angefertigt wurde.

An den Fassaden des Gebäudes, unter dem Satteldach, und auch im Innern ist das vom berühmten russischen Dichter Wassilij Schukowskij entworfene Wappen der *Alexandria* zu sehen: ein Schwert in einem Blumenkranz auf blauem Feld und das Motto: *Für Gott, Zar und Vaterland*. Überall im Zimmerdekor und an Alltagsgegenständen begegnet man Abbildungen von Spitzbögen, Türmen und anderen gotischen Motiven. Aleksandra Fjodorowna umgab sich mit vielen Gegenständen, die sie an ihre Eltern erinnerten: den

Gastzimmer

König Friedrich Wilhelm III. von Preußen und Luise von Mecklenburg-Strelitz. Sie war die Seele der großen Familie. Der poetische Kosename »Blanche-Fleur«, nach der Heldin eines Ritterromans von Friedrich de la Motte Fouqué, der zur Lieblingslektüre der königlichen Geschwister zählte, passte sehr zu dieser zarten, schönen Frau. Wassilij Schukowskij, der Aleksandra Fjodorowna in Russisch unterrichtete, sagte von ihr: »Eine Seele, aufrichtig wie die eines Kindes, und ein edler Verstand«. Aleksandra Fjodorowna war eine der schönsten Frauen ihrer Zeit. Ihre Ehe mit Nikolaus I. gilt als sehr glücklich. Sie schenkte ihm sieben Kinder. Persönlicher Ehrgeiz und die Herrschsucht waren ihr fremd, sie hatte ein gutes Herz, nahm am gesellschaftlichen Leben aktiv teil und wurde als eine der wichtigsten Wohltäterinnen der Epoche bezeichnet.

Festessen und Galaempfänge fanden in der Regel im Großen Palast von Peterhof statt, doch im *Cottage* gab es auch ein großes Speisezimmer, das sich in dem von Stakenschneider errichteten Anbau befindet. Um den Tisch herum stehen Eichenstühle mit hohen geschnitzten, mit himbeerfarbenem Tuch bespannten Rücklehnen, verziert mit dem Wappen der *Alexandria*. Das Service wurde eigens für das *Cottage* hergestellt. Im Speisezimmer ist überdies eine Sammlung von Gegenständen im »gotischen« Stil aus Rubinglas, Kobaltglas und Uranglas zu sehen.

Die letzten Besitzer des Cottage, Alexander III., ein Enkel Nikolaus' I., und seine Frau Maria Fjodorowna (Marie Sophie

Porträt der Zarin Aleksandra Fjodorowna. Ende der 1820er Jahre. Bildhauer Cristian Rauch

Uhr in Form einer Rose. Westeuropa. Zweites Viertel des 19. Jh.

Bibliothek

Speisezimmer

Frederikke Dagmar, Prinzessin von Dänemark), ließen nur einige Interieurs umgestalten. Im Erdgeschoss entstand beispielsweise das Kleine Empfangszimmer im Stil des »zweiten Rokoko«, dekoriert mit in Meißen nach Modellen aus dem 18. Jahrhundert hergestellten Porzellanstatuetten.

Im ersten Stock wurden für Maria Fjodorowna das Schlafzimmer und das Kabinett in dem damals sehr modischen Jugendstil hergerichtet. Das Originalbett im Schlafzimmer stammt von der Jacht *Polarstern*, mit der die Zarin oft in ihre Heimat, nach Dänemark, reiste.

Im Kabinett der Zarin sind die Wände mit Paneelen aus karelischer Birke verkleidet. Von den zahlreichen Nippsachen seien hier vor allem Porzellanerzeugnisse aus der Königlichen Manufaktur Kopenhagen erwähnt. Bemerkenswert sind auch Glasvasen von Émile Gallé und den Brüdern Daum. Die Möbel wurden nach den Zeichnungen des Architekten Michail Krassowskij ausgeführt.

PARK ALEXANDRIA

Kabinett der Maria Fjodorowna

Teller mit dem Porträt des Zaren Nikolaus I. zu Pferde. Königliche Porzellanmanufaktur, Deutschland. 1830er Jahre

Vase *Weiden und Schwertlilien*. Königliche Porzellanmanufaktur, Dänemark. 1895

Teil der Toilettengarnitur mit dem Wappen der Alexandria. Zweites Viertel des 19. Jh. Russland

Uhr. Frankreich. 1829

Teekanne mit der Darstellung von Käfern im Waldampfer. Königliche Porzellanmanufaktur, Dänemark. 1891

PETERHOF

St.-Alexander-Newskij-Kirche (*Chapelle* oder *Gotische Kirche*)

Die St.-Alexander-Newskij-Kirche, die Hauskapelle der Zarenfamilie, die an die mittelalterliche Gotteshäuser Deutschlands und Frankreichs erinnert, fügte sich harmonisch in die malerische, romantische *Alexandria* ein. 1829 hatte Nikolaus I. den preußischen Architekten Karl Friedrich Schinkel mit dem Bau einer kleinen Kirche im gotischen Stil beauftragt. Am 24. Mai 1831 fand in Anwesenheit der Zarenfamilie und der Suite die feierliche Grundsteinlegung statt. Die Bauarbeiten wurden von Menelaws geleitet und, nach dessen Tod, von Joseph Charlemagne abgeschlossen. Die Fassaden sind mit 43 Skulpturen (Bildhauer Wassilij Demut Malinowskij) geschmcükt, im Innern ist die Ikonstase (Ikonenwand) erhalten geblieben. Die Ikonen malte Carl Timoleon von Neff.

Skulptur *Apostel Petrus mit den Schlüsseln vom Paradies*. Nach dem Modell von Wassilij Demut-Malinowskij

Gotische Kapelle. Innenansicht

PARK ALEXANDRIA

Peterhofs. Östlich grenzt der Wirtschaftsflügel mit einem Eiskeller, südlich ein Garten daran an.

2011 wurde im Park *Alexandria* das Museum *Palast-Telegraphenstation* eröffnet, das mit der Geschichte der einheimischen Technik, mit der Bedeutung des Fernmeldewesens im Leben des Menschen und mit der Arbeit der Peterhofer Telegraphisten im vorrevolutionären Russland etc. bekannt macht.

Telegraphenstation

Der Zar Nikolaus I., der eine Vorliebe für Ingenieurwesen und Technik hatte, schenkte dem Problem der Fernmeldeverbindungen zwischen dem Zentrum des riesigen Reiches und den entferntesten Regionen große Aufmerksamkeit. 1827 wurde das Telegraphische Komitee gegründet, das das beste System des optischen Telegraphen aussuchen und die Verbindung der Zarenresidenz in Peterhof mit den Ministern und den Militärbehörden in Kronstadt, Sankt Petersburg und Warschau gewährleisten sollte. Doch wegen der Abhängigkeit eines optischen Telegraphen von den Wetterbedingungen bedurfte es einer effektiveren Lösung. Die nächste Etappe des technischen Fortschritts war die Entwicklung eines elektromagnetischen Telegraphen. Bereits in den 1850er Jahren bestand eine zuverlässige Telegraphenverbindung zwischen Sankt Petersburg, Peterhof und Kronstadt.

Der Zar Alexander II. suchte in der Anknüpfung an die Bemühungen seines Vaters in diesem Bereich einen neuen Standort für die Telegraphenstation aus und ließ sie 1859 in ein eigens dafür errichtetes Gebäude im Park *Alexandria* überführen. Diese Telegraphenstation, die von Andrej Stakenschneider erbaut wurde, und die er ebenfalls im Geiste der Gotik stilisierte, bediente auch die einfachen Bewohner

Geräteraum

Beamter des Telegraphenamts

Eiskeller

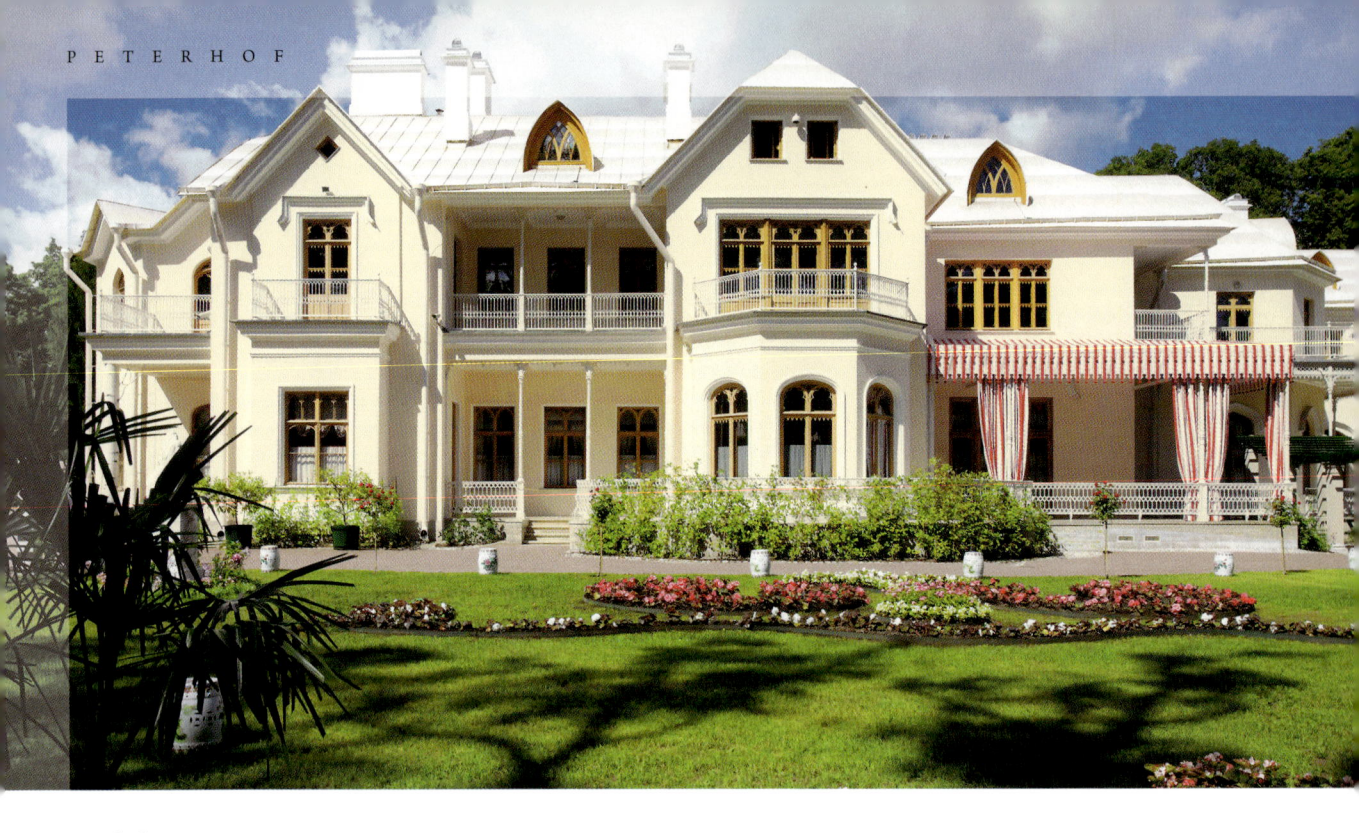

Schloss *Farm*

Der Name des Schlosses geht zurück auf die Ende der 1820er Jahren von Menelaws errichtete Farm, die es einst in der Nähe des *Cottages* gegeben hatte. Es war für den Sommeraufenthalt des Thronfolgers, Großfürst Alexandr Nikolajewitsch, bestimmt. Das Gebäude wurde mehrmals umgestaltet, dann erbaute Stakenschneider hier ein einstöckiges Haus mit Appartements für den Thronfolger anlässlich von dessen Hochzeit. 1859 wurde es zu einem kleinen Schloss ausgebaut, das den Namen *Farm* erhielt. Im Sommer wohnte darin die Familie des Zaren Alexander II.

Gartenlaube in Form einer Grotte. Skulptur *Knabe mit Gans*. Nach dem Modell von F. Schindler. 1854

Fontäne mit der Statue *Nacht*. Nach dem Original von Joseph Pollet. 1850er Jahre

Mädchen mit Hunde. Bildhauer Giuseppe Benzoni. 1863

Fontäne in Form eines Maskarons

Zum Bauensemble der *Farm* gehört auch der vor der Ostfassade des Schlosses nach dem Entwurf des Architekten Eduard Gan angelegte Eigene Garten der Zarin Maria Fjodorowna, ein mit einer Pergola umrahmtes Parterre mit Blumenbeeten. In der Mitte ist die Fontäne *Nacht* zu sehen. Die Bronzefigur der *Nacht* – eines schwebenden nackten Mädchens, das mit dem Postament nur durch sein niederfallendes Gewand verbunden ist, wurde in der Mitte des 19. Jahrhunderts in der Fabrik von Félix Chopin nach dem Marmororiginal des französischen Bildhauers Joseph Pollet gegossen. In der Pergola, hinter der *Nacht*, befindet sich eine weitere Fontäne: *Triumph der Göttin der Schönheit*, eine massive marmorne Wanne, in die sich Wasserstrahlen aus zwei Maskaronen in Form von Löwenköpfen an den Pfählen der Pergola ergießen. Die mit Basreliefs zu antiken Sujets dekorierte Wanne ist ein Werk des Bildhauers Michail Schtschuropow.

Nach seiner Thronbesteigung im Jahr 1855 baute Alexander II. das Schloss weiter aus. An der Ostfassade entstand eine Terrasse, die einige Räume verband. Im Erdgeschoss befanden sich die im gotischen Stil gestalteten Gemächer des Zaren und seiner Frau Maria Fjodorowna. Das größte und künstlerisch interessanteste Interieur ist das festlich schöne und erhabene

Das Blaue Kabinett Alexanders II.

Gastzimmer der Zarin Maria Aleksandrowna

Blaue Kabinett Alexanders II. (Architekt Andrej Stakenschneider). Blaue Draperien, die blauen Tischtücher und die Möbel aus Eichenholz bilden ein einheitliches Ganzes. Hier empfing der Zar seine Minister und Würdenträger, hier wurden wichtige Entscheidungen getroffen und schicksalsträchtige Reformen ausgearbeitet, darunter die Aufhebung der Leibeigenschaft.

Die Zimmer der Zarin – das Gastzimmer, das Kabinett, das Schlafgemach, das Toilettenzimmer u.a. – sind mit der Maria Fjodorowna eigenen Eleganz ausgestaltet. Ihr feiner Geschmack kommt hier in jedem Detail zum Ausdruck: in den Gemälden, Porzellanen und Bronzen. Diese Räume halten das Andenken an den mutigen Charakter der Zarin und ihren schweren Lebensweg wach, der durch den frühen Tod des ältesten Sohnes Nikolaj im Jahr 1865, die vielen Attentate der Terroristen auf Alexander II. und die schmerzvolle Ehekrise verdüsterten. Maria Fjodorowna starb im Mai 1880 an Schwindsucht. Alexander II. überlebte seine Frau nur um ein Jahr: Er fiel am 1. März 1881 einem Attentat zum Opfer.

PARK ALEXANDRIA

Kabinett der Maria Aleksandrowna

Kronleuchter. Ende des 18. Jh. Deutschland

Skulptur *Hirtin und Kavalier*. 1783. Nach dem Modell von Johann Joachim Kändler. Porzellanmanufaktur Meißen, Deutschland

Uhr. Bronzemeister L. Hennert. 1830er Jahre. Deutschland (?)

Speisezimmer

Kolonisten-Park

Nachdem Nikolaus I. seiner Frau die *Alexandria* geschenkt hatte, fasste er die Gegend südlich des Oberen Gartens ins Auge und ließ hier, an der Stelle des Ochotnitschij-(Jagd-)Sumpfs einen malerischen Teich mit zwei kleinen Inseln einrichten. So entstand der Kolonisten-Park, der eine Fläche von ca. 30 Hektar einnimmt. Seinen Namen verdankt er den angrenzenden Bauten der 1830er Jahre von Deutschen aus Württemberg gegründeten Alexander-Kolonie. Die von Pjotr Erler geleiteten Arbeiten nach den Entwürfen von Andrej Stakenschneider wurden 1848 abgeschlossen. Den größten Teil des Geländes (29 Hektar) nimmt der nach einer Tochter Nikolaus' I. benannte Olga-Teich ein. In seiner Mitte, auf zwei Inseln, zu denen man nur per Boot gelangen konnte, erbaute Stakenschneider zuerst den Zarin-Pavillon, für die Zarin Aleksandra Fjodorowna, und dann den Olga-Pavillon.

PETERHOF

»Kristallsäule« im Garten der Zarin-Insel. Skulptur *Mädchen, das einen Papagei mit Weintrauben füttert.* Nach dem Modell von Heinrich Berges. 1850er Jahre

← Zarin-Pavillon vom Olga-Teich gesehen

Blick aus dem Gastzimmer ins Atrium

Zarin-Pavillon

Das elegante Gebäude des Zarin-Pavillons liegt mitten in einem herrlichen Garten mit Fontänen, Statuen und Marmorbänken. Stakenschneider schuf hier, auf einer kleinen Insel, für Aleksandra Fjodorowna eine Welt romantischer Träumereien und Illusionen und schenkte der Zarin gleichsam ein Stück Italien, nach dem sie sich schon immer gesehnt hatte. Das wichtigste Dekorelement ist hier der weiße Carrara-Marmor. Erler bepflanzte die Insel mit Linden, Eichen, Ahornbäumen, Eschen, Flieder, Weiden und Kastanien. Eine der Eichen ist aus einer aus Amerika gebrachten Eichel gewachsen: Sie stammte von der Eiche, unter der der amerikanische Präsident George Washington beigesetzt wurde.

Das in der Mitte der Insel angelegte Parterre ist mit der Fontäne *Narziss* geschmückt: Narziss beugt sich über sein Spiegelbild in einem marmornen Bassin.

Vor der Nordfassade erstreckt sich der Eigene Garten, in dem die weißen marmornen Basen und Kapitelle vor dem Hintergrund der schönen Blumenbeete besonders effektvoll wirken. Doch der Hauptschmuck des Gartens ist eine aus 30 blauen und weißen Glasröhren bestehende »Kristallsäule«, gekrönt von der vergoldeten Skulptur *Mädchen, das einen Papagei mit Weintrauben füttert,* einem Geschenk des Bruders der Zarin, des

KOLONISTEN-PARK

Tisch mit Mosaikplatte *Ansichten von Rom*. Italien. 19. Jh.

Speisezimmer

Kabinett der Zarin Aleksandra Fjodorowna

Königs Friedrich Wilhelm IV. von Preußen. Sie wurde hier 1854 aufgestellt.

Den Zarin-Pavillon gestaltete Stakenschneider 1842-1844 im »pompejanischen« Stil. Er hatte Pompeji besucht, das durch den Ausbruch des Vulkans Vesuv untergegangen war, und ließ hier eine Nachbildung altrömischer Häuser entstehen, die bei archäologischen Grabungen entdeckt worden waren. Die Interieurs sind von erlesener Schönheit. Den Mittelpunkt bildet ein im »pompejischen« Stil ausgemaltes und mit Marmor verkleidetes Atrium, in dessen Mitte sich ein Marmorbassin mit einer Fontäne in Form einer Vase befindet. Die Balustrade des Bassins ist mit verkleinerten Bronzekopien berühmter antiker Skulpturen verziert.

An das Atrium grenzen zwei Zimmer an: Der *Oikos* (Gastzimmer), in dem das prachtvolle, 1844 eigens für den Zarin-Pavillon in der Kaiserlichen Porzellanmanufaktur Sankt Petersburg geschaffene *Etruskische Service* ausgestellt ist, und die mit Möbeln aus der Werkstatt von Heinrich Gambs möblierte *Exedra* (Zimmer mit Nischen). Ein besonderes Gepräge gibt dem Raum der von Meistern der Peterhofer Schleiffabrik ausgeführte Mosaikboden. In den Nischen der Exedra stehen halbrunde Sofas und kleine Tische mit marmornen und Mosaiktischplatten auf vergoldeten Tischbeinen (1830er Jahre). Den Fußboden im Speisezimmer schmückt ein originales altrömisches Mosaik, das von Nikolaus I. bei dem Mann seiner ältesten Tochter Maria, Herzog Maximilian von Leuchtenberg, dem Enkel der Joséphine de Beauharnais, erworben wurde. Das Mosaik stammte aus der berühmten Malmaison-Sammlung der Frau Napoleons.

Olga-Pavillon

Der Olga-Pavillon , ein Geschenk Nikolaus' I. an seine Tochter, die Großfürstin Olga Nikolajewna, zu deren Hochzeit mit dem Prinzen Karl Friedrich Alexander von Württemberg im Jahr 1846, wurde ebenfalls von Andrej Stakenschneider errichtet. Der hohe Turm im toskanischen Stil mit Galerie und Terrasse erinnert an Villen in der Umgebung von Palermo. In einer solchen Villa hatte Olga den Heiratsantrag des Prinzen angenommen. Dieses Hochzeitsgeschenk wurde zu einer Art Reminiszenz der Italien-Reise Olgas, einer Art Andenken daran.

Speisezimmer

PETERHOF

Tassen mit Porträts Nikolaus' I. und seiner Frau Aleksandra Fjodorowna. 1826-1830. Batenin-Fabrik. Russland

Kabinett des Zaren Nikolaus' I.

Porträt Nikolaus' I. Bildhauer Iwan Witali. 1830er Jahre

Die Loggia, die Terrassen, Balkone und Pergolen schaffen eine besondere, lichte Sommeratmosphäre. Die Basreliefs an den Fassaden, die Büsten in den Nischen, die originellen Wasserspeier in Form von geflügelten Drachen – das alles lässt den Pavillon besonders attraktiv erscheinen.

Die größten Säle sind das Speisezimmer, das Kabinett der Olga Nikolajewna und das Kabinett Nikolaus' I. Die eleganten Interieurs wurden vom Maler Johann Drollinger und dem Bildhauer Agostino Triscorni geschaffen. Sehr bemerkenswert sind originale russische Möbel, Gemälde und Alltagsgegenstände. Aus dem Kabinett im ersten Stock gelangt man auf einer Außentreppe in den Garten. Auf dem Dach gibt es eine Aussichtsplattform.

Kabinett der Olga Nikolajewna

Silberteller aus der Mitgift der Großfürstin Olga Nikolajewna. 1840. Meister H. Long. Russland

Schatulle. Russland. 1860er Jahre

109

Anzug Peters des Großen. 1710er – 1720er Jahre

Gemüsegarten Peters des Großen

Rastschloss Peters des Großen in Strelna

Als Peter der Große Ingermanland (eine historische Provinz im nordwestlichen Russland rund um das heutige Sankt Petersburg) zurückerobert hatte, wurde er auf den kleinen Ort Strelna in der Nähe von Peterhof aufmerksam und beschloss, dessen günstige Lage zu nutzen und hier eine repräsentative Sommerresidenz mit zahlreichen Fontänen entstehen zu lassen. Zuerst ließ er hier ein kleines Rastschloss errichten. Seit 1715 liefen in Strelna intensive Bauarbeiten: Kanäle wurden ausgehoben, Alleen angelegt, Bäume im Oberen und Unteren Park gepflanzt. An den von Wassilij Tuwolkow geleiteten hydrotechnischen Arbeiten beteiligten sich auch venezianische Meister. Zar Peter, der mit Tuwolkows Hilfe die Wasserquellen auf den Ropscha-Anhöhen

Garderobenzimmer

Speisezimmer

Schlafzimmer. Detail

südlich von Peterhof entdeckt und deren Rolle für das künftige Wasserversorgungssystem begriffen hatte, verlor bald das Interesse für Strelna und konzentrierte sich auf Peterhof.

Das hölzerne Rastschloss in Strelna wurde aber trotzdem fertiggestellt. Der Name des Architekten bleibt unbekannt. 1719-1720 wurde das Schloss umgebaut. Heute bildet es den Mittelpunkt des kleinen Ensembles mit einem Park, einer Orangerie und dem berühmten Peterschen Gemüsegarten. In eben diesem Garten wurde erstmalig in Russland das »überseeische Wunder«, die Kartoffel, angebaut. 1750 beauftragte die Zarin Elisabeth Petrowna, Francesco Bartolomeo Rastrelli damit, das alte Schloss als ein wichtiges Denkmal der Petrinischen Epoche zu restaurieren und das Fundament zu erneuern.

Heute sind in den Galaräumen und Wohngemächern zahlreiche Alltagsgegenstände zu sehen, darunter viele aus persönlichem Besitz Peters des Großen, die den Geist der Epoche und das Leben des großen Reformers vergegenwärtigen. Die kleinen Räume sind schlicht und gemütlich. Die Wände sind mit Holzpaneelen verkleidet, tapeziert oder mit Tuch bespannt. Der größte Raum im Erdgeschoss ist das durch einen Bogen in zwei Teile geteilte Speisezimmer. Auf dem Tisch ist ein Teeservice für sechs Personen aus der Meißner Porzellanmanufaktur zu sehen.

Oranienbaum

Zu Beginn des 18. Jahrhunderts schenkte Peter der Große diese Ländereien seinem nächsten Mitstreiter Aleksandr Menschikow, der hier, am letzten Abschnitt der Peterhofer Straße, am Ufer des Finnischen Meerbusens und in unmittelbarer Nähe zu der Insel Kotlin, auf der die Festung Kronstadt gebaut wurde, seinen Herrensitz errichten ließ. Als Menschikow nach Peters Tod in Ungnade gefallen, degradiert und nach Sibirien verbannt worden war, wechselte Oranienbaum im Laufe von zweihundert Jahren mehrmals seine Besitzer. Eine Zeitlang gehört es dem Bauamt, dann dem »Admiralitätskollegium« (Marineministerium); 20 Jahre lang (seit 1743) war es die Residenz des Thronfolgers, Großfürst Pjotr Fjodorowitsch, des späteren Zaren Peter III.

Das Große Schloss

Als dessen Frau, Katharina II., infolge einer Palastrevolution am 28. Juni 1762 ihren Mann gestürzt hatte, verwandelte sie Oranienbaum in ihre »Datsche« und ließ hier ein herrliches Park- und Schloss-Ensemble entstehen, bestehend unter anderem aus mehreren einzigartigen Bauwerken im Stil des Rokoko. Nach ihrem Tod erbten es ihre Enkel: zuerst Alexander I., dann, 1831, der Großfürst Michail Pawlowitsch, dann dessen Frau, Großfürstin Jelena Pawlowna, die zur Vervollkommnung des Park- und Schloss-Ensembles wesentlich beitrug (hier wirkten im 19. Jahrhundert solche herausragenden Architekten wie Carlo Rossi, Wassilij Stassow, Andrej Stakenschneider, Harald Bosse u.a.). Die letzten Besitzer von Oranienbaum waren ihre Erben, die Herzöge von Mecklenburg-Strelitz.

ORANIENBAUM

Kronleuchter. Zweite Hälfte des 19. Jh. Porzellanmanufaktur Meißen, Deutschland

Speisezimmer

Das Große Schloss

Das einzigartige Park- und Schloss-Ensemble von Oranienbaum (heute Lomonossow) war während des Zweiten Welkriegs nicht von den Deutschen besetzt und wurde wohl aus diesem Grund nicht zerstört oder beschädigt.

Das Große Schloss (auch Menschikow-Schloss) wurde von Giovanni Fontana errichtet, der die Bau- und Gartenarbeiten leitete und den bald Johann Gottfried Schädel ablöste. 1716 wurde das Große Schloss von Johann Braunstein fertiggestellt (die Ausgestaltung der Innenräume dauerte bis 1720). Vom Finnischen Meerbusen führte zum Schloss ein schiffbarer Kanal, der in einen kleinen Hafen mündete. Östlich vom Schloss entstand durch die Abdämmung des Flusses Karost der malerische Untere Teich.

Himbeerfarbenes Gastzimmer

DAS GROSSE SCHLOSS

Steinsaal

Die Interieurs des Großen Schlosses spiegeln den künstlerischen Geschmack seiner einstigen Besitzer winder. Die Räume des ersten Stockwerks erhielten in den 1850er Jahren ihr heutiges Aussehen, als sie für die Großfürstin Jelena Pawlowna im Stil des »zweiten Rokoko« umgestaltet wurden. Durch die graziösen Stuckverzierungen, die zarten Pastellfarben, elegante Schlichtheit und Leichtigkeit aller Details stehen die Interieurs mit den Sälen des Chinesischen Schlosses und des Pavillons *Katalnaja Gorka* (Rutschbahn), dieser einzigartigen Meisterwerke der Baukunst des 18. Jahrhundert, im Einklang.

Tanzsaal

Vitrine im Himbeerfarbenen Gastzimmer. Zweite Hälfte des 19. Jh. Russland

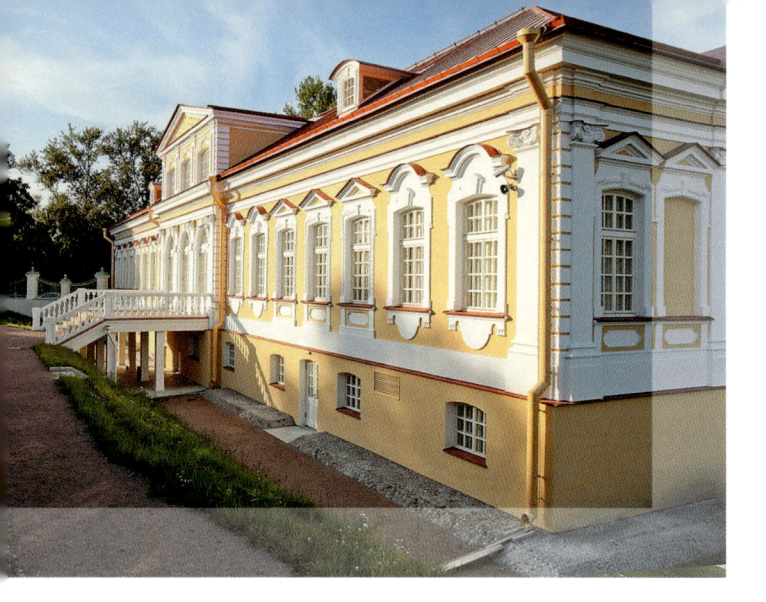

Gemäldehaus

Gemäldehaus und Pavillon *Steinsaal*

Nach der Hochzeit des Thronfolgers, des Großfürsten Pjotr Fjodorowitsch, mit der Sophie Friederike Auguste von Anhalt-Zerbst (später Katharina II., »die Große«) im Jahr 1745 wurde Oranienbaum die Sommerresidenz des »Kleinen Hofes«. Francesco Bartolomeo Rastrelli rekonstruierte im Auftrag der Elisabeth Petrowna das Große Schloss und erbaute das *Gemäldehaus*, das eine Gemäldesammlung, die Kunstkammer und den Opernsaal beherbergte. Aus derselben Zeit (1749-1751) stammt auch der *Steinsaal* mit einem großen Zuschauerraum, erbaut vermutlich von Rastrelli und Michail Semzow. Vom *Gemäldehaus* führt die in den 1750er Jahren angelegte Dreifache Lindenallee.

Pavillon Steinsaal

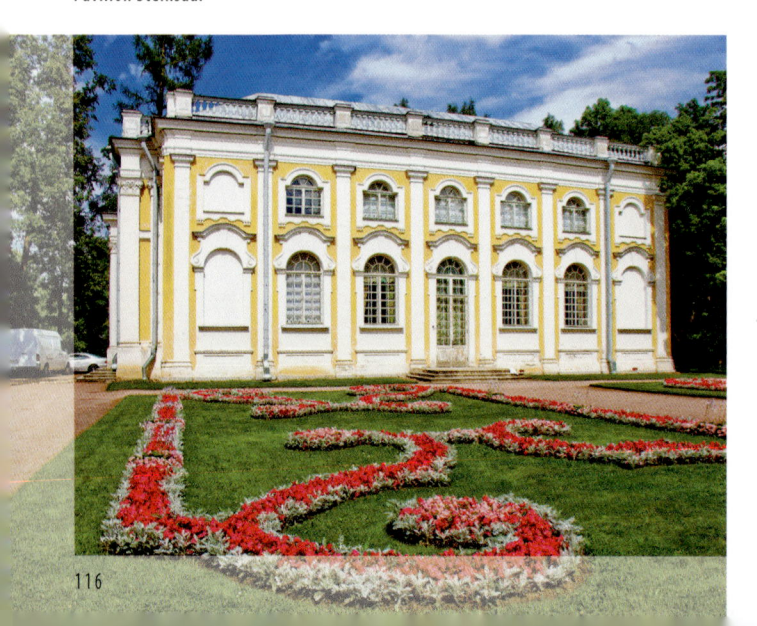

Peterstadt

Bereits Anfang der 1750er Jahre löste Antonio Rinaldi den mit einigen anderen Projekten beschäftigten Rastrelli in Oranienbaum ab, der 1751 nach Sankt Petersburg gekommen war. Ende der 1750er bis Anfang der 1760er Jahre errichtete er zusammen mit Martin Hofmann am rechten Ufer der Karost, dort, wo sie in den Großen Teich mündet, die Spielfestung Peterstadt für den Thronfolger, dessen Lieblingsbeschäftigungen das Kriegsspiel, Militärparaden und Truppenschauen waren. Diese Spielfestung wurde nach allen Regeln der Fortifikation des 18. Jahrhunderts gebaut. Heute sind nur noch das kleine einstöckige Rokoko-Schloss Peters III. und das Tor mit einem kleinen achteckigen Türmchen erhalten. Auf dem Gelände der Festung befanden sich außer dem Schloss das Kommandantenhaus, das Offiziershaus, der Munitionskeller, eine Kirche und die Kaserne des Holstein-Grenadierregiments. Unten, am Ufer wurde ein kleiner Garten angelegt.

Der Runde Saal des Pavillons *Katalnaja Gorka (Rutschbahn)*

Pavillon *Katalnaja* Gorka (Rutschbahn)

Der Baukomplex der *Katalnaja Gorka* (Architekt Antonio Rinaldi) umfasste eine hölzerne, 530 lange und über sechs Meter breite Rutschbahn und zwei Steinkolonnaden. Das Rodeln gehörte zu den Lieblingsbelustigungen des Adels im 18. Jahrhundert. Im Winter wurden Schlitten, im Sommer kleine Wägelchen benutzt. 1861 wurde die baufällig gewordene Rutschbahn auseinandergenommen. Heute erinnert nur der Pavillon in Form eines kleinen, festlich schönen, auf einem hohen Hügel gelegenen Palais an die »Sonderattraktion« von Oranienbaum. Sehr interessant sind die Interieurs des Pavillons, in denen noch die Originalausstattung aus dem 18. Jahrhundert – der Fußboden aus Kunstmarmor, Wand- und Deckenmalereien – erhalten geblieben ist.

Ehrenpforte der Petersatdt

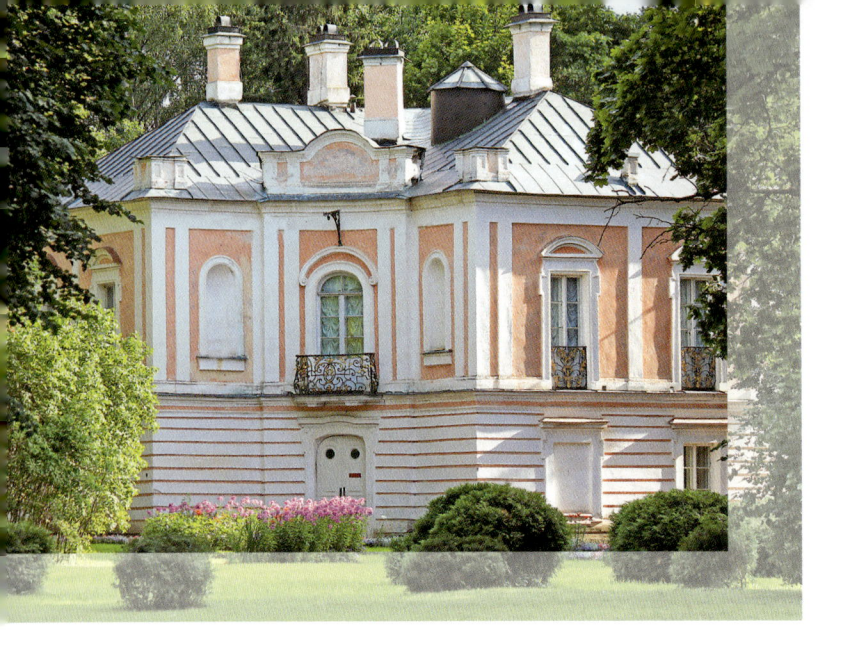

Schloss Peters III.

Das elegante einstöckige Schloss, das erste Werk von Rinaldi in Russland, ist in seiner ursprünglichen Form erhalten geblieben und erinnert eher an ein gewöhnliches Wohnhaus. Die Galaräume liegen im ersten Stock. Die Wände des *Großen Kabinetts* oder *Gemäldesaals* sind mit Bildern italienischer, holländischer, flämischer und deutscher Maler des 17. und 18. Jahrhunderts bedeckt. Den unteren Teil der Wände schmücken Lackpanneaus mit chinesischen Sujets.

Büfettzimmer. Detail

Lackmalerei. Meister F. Wlassow. 1760er Jahre

ORANIENBAUM

Unbekannter Künstler. *Porträt des Zaren Peter III.*
1760er Jahre

Kronleuchter im Gemäldesaal

Schloss Peters III. Gemäldesaal

Das Chinesische Schloss

Nach dem Sturz Peters III. ließ Katharina II. westlich vom Großen Schloss das Ensemble der *Eigenen Datsche* entstehen, dessen Mittelpunkt das von Rinaldi am Ufer eines Teichs errichtete Chinesische Schloss, ein einzigartiges Rokoko-Baudenkmal, bildet. Die Innenausstattung dieses außen recht bescheidenen Gebäudes zeichnet sich durch Vollkommenheit und erlesene Pracht des Dekors aus. Ein wahres Meisterwerk der angewandten Kunst stellt das *Glasperlenkabinett* dar. Das wichtigste Dekorelement sind hier die zwölf von russischen Goldnäherinnen unter der französischen Meisterin Marie de Chelles angefertigten Wandpanneaus mit Seidenstickereien vor dem Glasperlenhintergrund, die phantastische Landschaften der tropischen Wälder, bevölkert mit Vögeln und verziert mit graziösen Brücken und Gartenlauben, zeigen.

Das Blaue Gastzimmer

Francesco Zuccarelli.
Italienische Landschaft.
1750er Jahre

ORANIENBAUM

Gasparo Diziani. *Fortuna und der Neid.*
Deckenmalerei. 1750er Jahre

Glasperlenkabinett

Saal der Musen

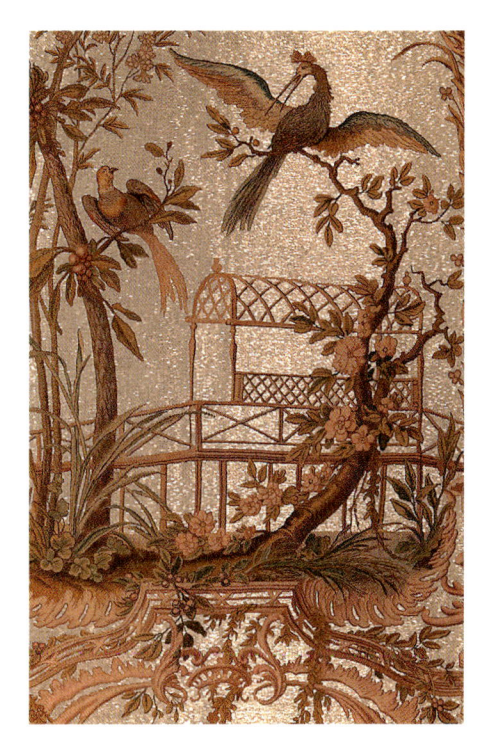

Glasperlenpanneau. Detail

Neue Museen von Peterhof

Während der letzten Jahrzehnte wurden in Peterhof viele historische Bauwerke aus dem 19. Jahrhundert restauriert, die zum Bauensemble der Zaren-Sommerresidenz gehören. Die in ihnen eröffneten Museen und Ausstellungen machen mit der Geschichte der Stadt als Erholungsort der russischen Monarchen bekannt und werden als *Neue Museen* bezeichnet.

NEUE MUSEEN VON PETERHOF

Museumssaal

Sinaida Serebrjakowa. *Porträt M.N. Pawlowa-Benois.* 1923

Alexander Benois. Illustration zum Roman *Quentin Durward* von Walter Scott. 1890

Benois-Museum

Der Konditor Louis-Jules Benois, der Ende des 18. Jahrhunderts wie viele andere Franzosen vor der Revolution nach Russland geflohen war, gründete ungewollt eine ganze Künstlerdynastie, deren Vertreter einen hervorragenden Beitrag zur Entwicklung der russischen Kunst leisteten. Sein Sohn Nikolaj Leontjewitsch und sein Enkel Leontij Nikolajewitsch Benois wurden bedeutende Architekten. Ein anderer Enkel, Alexander Benois, ein weltberühmter Maler und Graphiker, Kunsthistoriker und Kunstkritiker, nannte sich selbst stolz ein »Produkt einer Künstlerfamilie«. Dessen Sohn Nikolaj Aleksandrowitsch, ein Theaterkünstler, leitete 35 Jahre lang die künstlerische Abteilung der »Scala« in Mailand. Auch viele Verwandte dieser Familie waren berühmte Kunstschaffende: die Lancerays, die Serebrjakows, die Tamanjans und die Schröters. Dank der Bemühungen vieler Mitglieder der Familie Benois wurde in Peterhof ein Museum eröffnet, dessen Exponate – zahlreiche Gemälde, Graphiken und Skulpturen sowie Fotos und Gegenstände aus dem Besitz der Familie – die Geschichte dieser erstaunlich talentierten und mit Peterhof untrennbar verbundenen Dynastie veranschaulicht.

Westliches Hoffräulein-Haus

Platte *Harlekinade.*
Nach der Zeichnung von
W. Mossjagin. 1922

Museumssaal

Sinaida Serebrjakowa.
Katjuscha auf der Decke.
1920er Jahre

Werchnessadskij-Haus

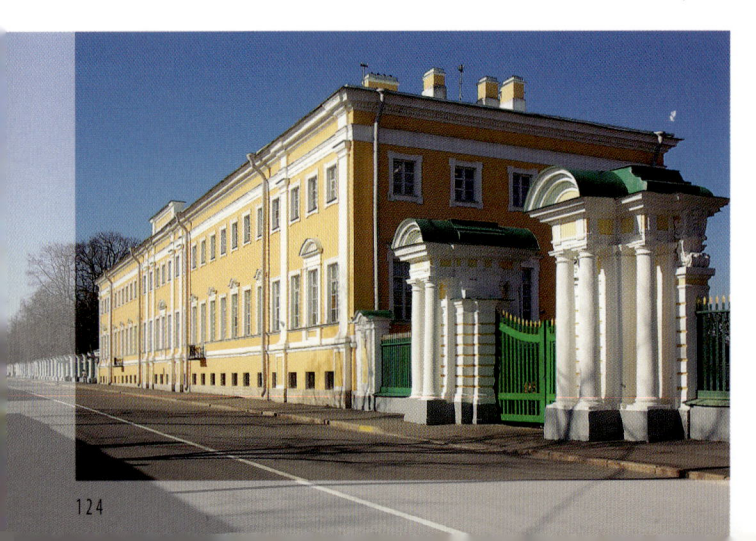

Sammler-Museum

Das Sammler-Museum im Werchnesadskij-Haus beherbergt viele Kunstkollektionen der bekanntesten Petersburger Sammler, die sie dem Staatlichen Museumsreservat Peterhof geschenkt haben. Vor allem sei die Porzellan-Sammlung von Iossif Esrach erwähnt, die Meisterwerke aus allen wichtigen Produktionszentren Europas des 18. und 19. Jahrhunderts enthält. Die Kollektion von Aleksandr und Rosa Timofejew ist vor allem durch Malerei von Michail Dobuschinskij, Nikolaj Roerich, Boris Kustodijew und anderen bedeutenden Künstlern des 20. Jahrhunderts vertreten. Das Museum besitzt auch Sammlungen von A.W. Ussenina (Möbel und Porzellane aus russischen Kunstfabriken), I.W. Kowarskaja (Porzellan) und Jurij Warschawskij (Porträtstiche; sind im Benois-Museum ausgestellt). All diese Ausstellungen erlauben es den Besuchern von Peterhof, ihre Kenntnisee über die Geschichte der russischen und westeuropäischen Kunst zu erweitern.

NEUE MUSEEN VON PETERHOF

Modell der Schnau *Munker*. Schiffsingenieur W. Krajnjukow. 2003

A. Bobrow. *Zarenjacht »Derschawa« auf hoher See.* 1901

Museum *Kaiserliche Jachten*

Das Museum macht mit der Geschichte Peterhofs als Seeküstenresidenz der russischen Zaren bekannt. Hier gab es eine spezielle Anlegestelle für die Jachten der Zaren. Im Museum sind deswegen solch interessante Exponate zu sehen wie etwa der Seemannsmantel Peters des Großen, Schiffsservice, Fotos und Modelle von Jachten, die als »schwimmende Zarenresidenzen« dienten. Ein besonderer Platz kommt der größten Jacht zu, der *Standart*, auf der Nikolaus II. einige Monarchen empfing, zum Beispiel den König von Siam, den deutschen Kaiser und den französischen Präsidenten.

Zar Nikolaus II. mit seiner Familie an Bord der Jacht *Standart*. 1906

Museumsgebäude

Teile des Galaservices der Jacht *Liwadija*. Nach dem Entwurf von Hippolytes Monighetti. 1871–1873

Museumssaal

Museum für Fontänenkunst

Dieses 2013 in der Ostgalerie des Großen Palastes eröffnete Museum ist dem wichtigsten Bestandteil des Park- und Schloss-Ensembles von Peterhof gewidmet: seinen Fontänen, hinter deren faszinierender Schönheit sich bekanntlich ein grandioses, einzigartiges hydrotechnisches System birgt. Dies sind 135 ingenieurtechnische Anlagen, Wasserleitungen, deren Gesamtlänge 56 km beträgt, über 40 Teiche u.a. Das Museum, das jüngste aller Museen Peterhofs, macht unter Verwendung von multimedialen Technologien mit der Geschichte dieses Fontänensystems bekannt. Hier sind neben traditionellen Exponaten (Rohre, Ansätze, Modelle von Skulpturengruppen, Feuerwerkfiguren u.a.) auch Plasmabildschirme zu sehen, die interessante Archivdokumente, Zeichnungen, Fotos, animierte Pläne etc. präsentieren und somit eine Vorstellung von der Struktur der Wasserversorgung von Peterhof vermitteln.

Verschiedenartige Ausstellungsgegenstände

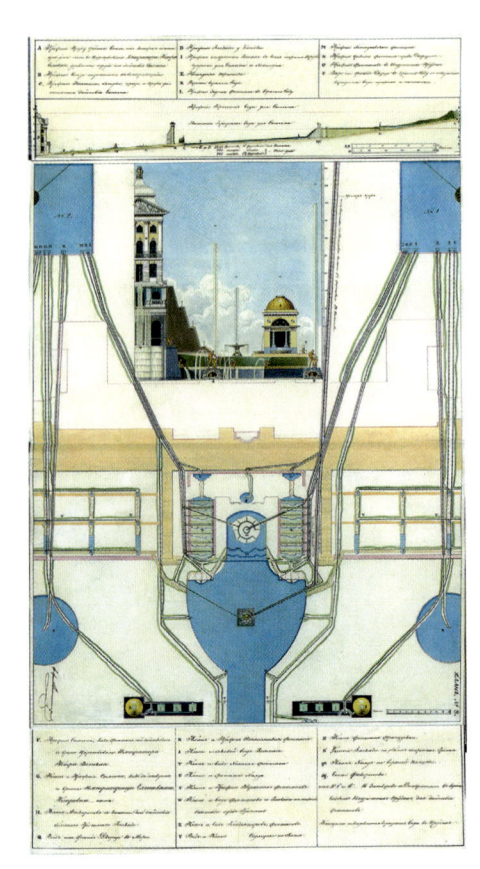

Plan des Wasserversorgungssystems der Großen Kaskade und der Fontänen der Großen Parterres. Aus dem Bildband von F. von Wistinghausen. 1824

NEUE MUSEEN VON PETERHOF

Museumssaal

Spielkartenmuseum

Den Grundstock für dieses Museum, das die ganze Entstehungs- und Entwicklungsgeschichte der Spielkarten vergegenwärtigt, bildete die Sammlung von Aleksandr Perelmann, die ca. 40.000 Exponate umfasst. Perelmann sammelte über 30 Jahre lang Spielkarten aus aller Herren Länder. Besonders interessant sind Originalspielkarten, die von bedeutenden Künstlern Europas, Amerikas, Asiens und auch Russlands gestaltet wurden. Im Museum sind herkömmliche Spielkarten, Tarot-Spielkarten, Wahrsagekarten, Kinderspielkarten, Lernspielkaten etc. zu sehen. Erwähnenswert ist auch der Originalsatz Spielkarten des bedeutenden russischen Künstlers französischer Abstammung Adolf Charlemagne, die in Russland schon seit über 150 Jahren hergestellt werden. Außer Spielkarten sind im Museum auch diverse Gegenstände zu sehen, die mit dem Kartenspiel verbunden sind.

Spielkarten:

1. Trapola-Karten
2. »Historische« Spielkarten. 19. Jh.
3. Spielkarten mit Kriegsmotiven. 1880
4. »Antifaschistische« Spielkarten. 1941
5. Scherz-Spielkarten
6. »Neue Figuren«. 1860er Jahre
7. Reise-Spielkarten. 1860er Jahre

TEXT JELENA KALNIZKAJA

WISSENSCHAFTLICHER BERATER P. KOTLJAR
AUS DEM RUSSISCHEN VON R. EIWADIS
VERLAGSLEKTOR T. LOBANOWA
GESTALTUNG A. LOBANOW
FOTOS W. DAWYDOW, W. DENISSOW,
W. KOROLJOW, A. LOBANOW, A. MARKUSHEV
A. PETROSSJAN, W. SAWIK UND G. SCHABLOWSKIJ
KARTE A. SMIRNOW
FARBKORREKTUR A. ILLARIONOW

Im vorliegenden Bildband wurden Materialien aus den Beständen des Staatlichen Museumsreservats Peterhof verwendet.

Der Verlag Solotoj lew *dankt den Mitarbeitern des Staatlichen Museumsreservats Peterhof für die Hilfe bei der Vorbereitung des Bildbands.*

© STAATLICHEN MUSEEN »PETERHOF«, 2015
www.peterhofmuseum.ru

© VERLAGSHAUS GOLDEN LION, 2015
197101 Sankt Petersburg, Ul. Mira 3, Tel./Fax: 493-52-07

GEDRUCKT IN RUSSLAND